Differenzen
und **Summen**
kürzen nur
die **Dummen**

Conny Heindl

Differenzen und Summen kürzen nur die Dummen

Altbewährte Eselsbrücken

Conny Heindl
Differenzen und Summen kürzen nur die Dummen. Altbewährte Eselsbrücken
Copyright © 2013 Regionalia Verlag GmbH, Rheinbach
Alle Rechte vorbehalten.

Einbandgestaltung: Derek Gotzen für agilmedien, Niederkassel
Layout und Satz: paquémedia, www.paque.de

Printed in Poland 2013

ISBN 978-3-939722-87-8

www.regionalia-verlag.de

Inhalt

Gut überbrückt ist fast gelernt
— oder: Mit einem kleinen Umweg kommt man sicher ans Ziel

Wer kennt sie nicht, die großartigen Helfer, wenn es darum geht, sich Wissen so einzuprägen, dass es auch langfristig verfügbar bleibt? Die Eselsbrücken haben sich schon seit Hunderten von Jahren bei Schülern und Erwachsenen gleichermaßen als Lernmethode bestens bewährt.

Das Wort „Eselsbrücke" geht auf die lateinische Bezeichnung „pons asinorum" zurück und war ein Ausdruck der scholastischen Philosophie. Petrus Tartaretus hatte im 15. Jahrhundert eine logische Figur entwickelt, die bestimmte Begriffsverhältnisse veranschaulichte. Und um Veranschaulichung geht es bei den Eselsbrücken auch heute noch: Sie sind eine Merkstrategie und Gedächtnisstütze, um mit Hilfe ganz unterschiedlicher Techniken bestimmte Lerninhalte und Informationen so sicher abzuspeichern, dass diese auch langfristig im Gedächtnis verfügbar und abrufbar sind.

Aber was hat nun diese Merk- oder Lernhilfe mit einem Esel zu tun?

Der Esel dient den Menschen schon seit ewigen Zeiten als Nutztier, dennoch gilt er im Allgemeinen als dumm und faul. Und vor allem störrisch kann er sein, wenn es darum geht, kleinste Wasserläufe zu durchqueren. Das liegt nun keineswegs an seiner physischen Beschaffenheit, sondern an dem Umstand, dass die Tiere nicht erkennen können, wie tief das Wasser ist. Die Wasseroberfläche spiegelt zu sehr, und so bleiben sie einfach stehen und gehen nicht weiter. Wenn man die Last nicht selbst tragen will, muss man dem Esel eine Brücke bauen und zwar nicht irgendeine. Eine sichere, stabile Brücke muss es sein, denn der Esel ist auch äußerst sicherheitsliebend. Und genau dieser kleine Umweg hilft den Tieren, weiterzugehen und sicher ans Ziel zu gelangen. Somit ist der Esel keinesfalls dumm, sondern vielmehr hochintelligent, was Verhaltensforscher seit langem wissen.

Will man sich Wissen nachhaltig einprägen, ist man gut beraten, auf diesen „Umweg" bzw. diese „Brücke" zurückzugreifen. Dass Denken ohne Bilder nicht funktioniert, wusste schon der griechische Philosoph Aristoteles, der sich in der Antike mit Gedächtnisforschung beschäftigte. Es ist ja auch viel leichter, sich Dinge zu merken, die man sich vorstellen kann, als irgendwelche abstrakte Begrifflichkeiten. Genau das ist das Prinzip der Eselsbrücke: *„Man denkt den Inhalt nochmals, ganz anders, verarbeitet ihn dadurch tiefer und merkt ihn sich besser", bestätigt der* anerkannte Psychologe Manfred Spitzer in seinem Buch „Lernen: Gehirnforschung und die Schule des Lebens" (2002).

Vor allem sollte der Spaß an der Sache nicht zu kurz kommen, denn auch positive Gefühle und Gedanken steigern die Merkfähigkeit ganz nach dem Motto „Begeisterung ist das halbe Lernen" – um bei Aristoteles zu bleiben. Und so wünsche ich Ihnen jetzt viel Freude auf dem kleinen Streifzug durch die verschiedenen Wissensgebiete und auch alltäglichen Bereiche. Im letzten Kapitel ist dann Ihre Kreativität gefragt, wenn es heißt: Eigene Eselsbrücken erfinden. Seien Sie also neugierig und nutzen Sie Ihre Fantasie!

Deutsch

— oder „Wer nämlich mit ‚h' schreibt ..."

Wie heißt es so schön: „Deutsche Sprache – schwere Sprache?" In der Tat haben es weder die Muttersprachler leicht, wenn sie sich in die Abgründe der deutschen Rechtschreibung und Grammatik begeben, noch diejenigen, die Deutsch als Fremdsprache erlernen wollen. Und schon gar nicht Tausende von ABC-Schützen, die sich die Rechtschreibregeln und deren Ausnahmen von der Regel merken müssen. Kein Wunder also, dass wir in diesem speziellen Bereich viele Eselsbrücken finden, die sich seit Jahrzehnten bestens bewährt haben. Wie sollte man sich anders in dem Buchstabensalat zurechtfinden?

Das ABC leicht gemerkt

So viele Buchstaben – insgesamt an die 26 – müssen sich erst einmal in der richtigen Reihenfolge einprägen. Mit diesem lustigen Spruch ist man auf jeden Fall mit Freude bei der Sache:

> A, B, C und D: Auf der Wiese wächst der Klee.
> E, F, G und H: Viele Hasen sind schon da.
> I, J, K und L: Hasen fressen ziemlich schnell.
> M, N, O und P: Sie fressen gern den ganzen Klee.
> Q, R, S und T: Dann rennen sie zum blauen See,
> U, V, W und X: und beim Saufen sind sie fix.
> Y und Z: So werden alle Hasen fett.

Welche Vokale gibt es eigentlich?

Jede Sprache hat Vokale und Konsonanten. Vokale werden auch Selbstlaute genannt, da man diese allein artikulieren kann. Wie wichtig die Laute für unsere Sprache sind, stellt man erst fest, wenn man versucht, ein Wort oder einen Satz ohne Vokale zu sprechen. Heraus kommt nur unverständliches Konsonantengebrabbel. Darum ist es nie verkehrt, sich die fünf Vokale der deutschen Sprache zu merken: A – E – I – O – U. Mit folgenden Eselsbrücken sind sie immer parat:

MAGERMILCHJOGURT

In diesem Wort sind alle Vokale enthalten. Aber es gibt auch eine klassische Eselsbrücke, bei der die Anfangsbuchstaben auf den entsprechenden Vokal verweisen:

Albert Einstein ist ohne Uhr.

Übrigens handelt es sich hier nur um die wichtigsten Vokale. Auch Umlaute wie Ä, Ö und Ü oder Diphtonge wie EI, AI, AU, ÄU, EU gehören zur Gruppe der Vokale.

Die Qual mit den langen Vokalen

Starten wir gleich mit dem Klassiker schlechthin: Da lernt man ganz brav, dass Vokale, die lang gesprochen werden, meist ein Dehnungs-h enthalten und dann gibt es einfach Wörter, bei denen das nicht zutrifft. Manche Vokale – oder besser gesagt in diesem Fall Umlaute – werden einfach so gedehnt gesprochen, ohne dass ein „h" notwendig ist. Dafür prägt sich die Eselsbrücke aber so gut ein, dass dieser Fehler nicht mehr passiert, denn wer will schon dämlich sein?

Wer nämlich mit „h" schreibt, ist dämlich.

Apropos Langvokale: Spricht man den i-Laut lang, dann schreibt man das Wort meist mit „ie" wie zum Beispiel in „Tier", „Fliege" oder „Kies". Aber keine Regel ohne Ausnahme, denn das „i" in Tiger wird einfach so gedehnt gesprochen. Mit folgender Eselsbrücke merkt es sich leichter:

Den Tiger sprich mit langem „i",
jedoch mit „ie" schreib ihn nie!

Übrigens gehören nachfolgende Wörter auch zu dieser speziellen Gruppe: **Medizin, Benzin, Maschine, Sabine, Lawine, Ruine, Apfelsine, Krokodil, Bibel, Kino, Biber, Kilo, Vitamine.** Vielleicht hilft eine selbst ausgedachte Eselsbrücke in diesem schweren Fall. Wie's geht, steht im letzten Kapitel dieses Buches.

Wir treiben das Ganze noch auf die Spitze, indem wir eine weitere Variante ins Spiel bringen. Denn es gibt ein Wort, das wird entweder mit „i" oder mit „ie" geschrieben, völlig identisch ausgesprochen und hat aber unterschiedliche Bedeutungen. Es handelt sich um die Unterscheidung von „wider" und „wieder":

Wenn „wider" nur „dagegen" meint,
dann ist das „e" dem „i" sein Feind.
Wenn „wieder" nur „noch einmal" meint,
dann sind dort „e" und „i" vereint.

Wird „wider" in der Bedeutung „gegen, dagegen" gebraucht, wird es mit einfachem „i" geschrieben wie in „wider Willen" oder „wider den tierischen Ernst". Das gilt auch für alle anderen Wortarten, z. B. Widerrede, Widersacher, widersprechen, widerstehen. In der Bedeutung „noch einmal" wird „wieder" mit „ie" geschrieben, wie Wiedervereinigung, wiedersehen, Wiederholung, etc.

Wir haben noch nicht alle Möglichkeiten ausgeschöpft, die dafür sorgen, dass Vokale lang gesprochen werden. Eine nette Variante wäre auch die Verdopplung des Vokals. Vorsicht: Das sind nicht alle Wörter, es gibt noch weitere, z. B. Aal, Saal, Saat, Staat, etc.

Doppel-a, das ist doch klar, sind in Waage,
Haar und Paar!

Rechtschreibung bei Kurzvokalen

Wenn Vokale kurz gesprochen werden, wie zum Beispiel in K**a**mm, T**e**ller, St**i**lle, K**o**ffer, M**u**tter folgt auf den Vokal ein doppelter Mitlaut. Will man Rechtschreibfehler vermeiden, sollte man sich diese Eselsbrücke einprägen:

> Doppel-Mitlaut klingt im Ohr,
> kurzer Selbstlaut kommt davor.

Zusammen oder getrennt — das ist die Frage

> „Gar nicht" schreibt man gar nicht zusammen.

> „Auf einmal" schreibt man zweimal.

Großschreibung

Wann schreibt man ein Wort groß und wann ist die Kleinschreibung richtig. Diese Unterscheidung fällt nur halb so schwer mit den richtigen Merkhilfen:

> Sei nicht dumm und merk dir bloß:
> Namenwörter schreibt man groß!

Verben schreibt man normalerweise klein, außer sie stehen nach gewissen Wörtern:

> Nach das und im, vom, am, beim, zum
> wird groß geschrieben das Verbum

Satzzeichen

Lässt man in einem Text eine Person in der direkten Rede sprechen, muss das Gesagte in Anführungszeichen gesetzt werden. Diese „kleinen Zeichen" werden aber gerne mal vernachlässigt. „Da, wo" sollte man zwar nicht sagen, aber in diesem Fall ist es erlaubt:

Da, wo man redet, sagt und spricht,
vergiss die kleinen Zeichen nicht.

„Das" oder „dass"

Diese Unterscheidung hat schon so manchen Schüler zur Verzweiflung gebracht.
Aber mit der richtigen Eselsbrücke ist das kein Problem mehr:

Das „s" bei „das" muss einfach bleiben,
kannst du dafür „dieses" oder „welches" schreiben.

Schwierige Wörter und Schreibweisen

Parallel – ein Wort, das garantiert immer Probleme macht. Irgendwo wird es mit
Doppel-L geschrieben, aber wo? Mit diesem einfachen Merkbild, das das Wörtchen „alle" hervorhebt, findet man ganz sicher die richtige Stelle.

Par(alle)l

Das eine ist ein Nadelbaum, das andere ein Singvogel, gesprochen wird das
Wort genau gleich, aber unterschiedlich geschrieben. Am besten ordnet man die
Vokale so zu, dass sie passen:

Die Lärchen sind Bäume,
die Lerchen sind Vögel.

Nach bestimmten Buchstaben kann „tz" und „ck" nicht stehen. Die einzige Ausnahme ist der Eigenname „Bismarck". Ansonsten passt die Eselsbrücke immer.

Nach l, n, r, das merk' dir ja,
steht nie „tz" und nie „ck".

Worttrennung

Zu diesem Bereich gibt es altbewährte Merksätze, die wir aufgrund der Rechtschreibreform etwas abändern müssen:

Trenne immer „s" vom „t",
denn das tut ihm nicht mehr weh.

Trenne nun „ck"
nur noch wie „ch"

Scheinbar und anscheinend

Die Umgangssprache hinterlässt so ihre Spuren in der Schriftlichkeit und manchem fällt es vielleicht gar nicht mehr auf, dass es zwischen den beiden Wörtern einen kleinen Unterschied gibt. Entscheidend ist hier der gute Stil.

Das „scheinbar" hör ich weinend – du meinst gewiss „anscheinend".

Der Fall mit den Fällen

Substantive oder auch Nomen können im Deutschen in vier Fällen stehen. Um den jeweiligen Fall zu ermitteln, hilft die Art und Weise des Fragens: Der erste Fall ist der Nominativ mit der Frage „Wer oder was?". Nach dem zweiten Fall, dem Genitiv, frägt man mit „Wessen?". Die Unterscheidung zwischen dem dritten (Dativ) und dem vierten Fall (Akkusativ) fällt am schwersten. Beim Dativ lautet die Frage „Wem oder was?" und beim Akkusativ „Wen oder was?". Entscheidend ist also lediglich der Unterschied zwischen „m" und „n". Eine kleine Hilfestellung ist hierbei, dass das „m" drei Striche hat und sprichwörtlich auf drei „Beinen" steht, was auf den dritten Fall hinweist.

Jetzt wissen wir zwar, dass der Dativ der dritte Fall ist, aber für die Unterscheidung von Dativ und Akkusativ im Text benötigen wir eine weitere Gedankenstütze, damit nichts schiefgehen kann:

An, auf, hinter, neben, in,
über, unter, vor und zwischen
stehen mit dem vierten Fall,
wenn man fragen kann „wohin?".
Mit dem dritten steh'n sie so,
dass man nur kann fragen „wo?".

Präpositionen

Bei den Präpositionen handelt es sich um vorangestellte Verhältniswörter, die den Fall des nachfolgenden Nomens bestimmen. Weiß man also, nach welcher Präposition welcher Fall folgt, kann man sich bestens orientieren:

Von „Aus – bei – mit" nach „Von – seit – zu"
fährst immer mit dem Dativ du!

Um sich die Präpositionen einzuprägen, nach denen unbedingt der Akkusativ folgen muss, gibt es eine prima Eselsbrücke, die als Kunstwort benutzt wird, nämlich die Bezeichnung:

BUF DOG

Bis
Um
Für

Durch
Ohne
Gegen

Achtung Genitiv!

Auch der zweite Fall will erkannt werden und muss entsprechend folgen oder vorausgehen, wenn bestimmte Signalwörter im Text auftauchen:

> Begierig, kundig, eingedenk, teilhaftig, mächtig, voll –
> regieren stets den Genitiv, was man sich merken soll.

Gliederung eines Aufsatzes oder einer Rede

Will man sich zu einem bestimmten Thema mit einem Aufsatz oder einer Rede auseinandersetzen, muss ein bestimmter Textaufbau gewährleistet sein. Diese Vorgabe für den Aufbau einer Rede geht sogar bis in die Antike zurück. Die Rhetoriker haben eine Richtlinie der Redekunst entworfen, die bis heute ihre Gültigkeit nicht verloren hat. In folgender Eselsbrücke sind alle acht wichtigen Gliederungspunkte enthalten:

> Gib zuerst das Thema an,
> die Erklärung folge dann.
> Weiter muss man gut begründen
> und den Gegensatz erfinden.
> Ein Vergleich erfolgt im Nu,
> und das Beispiel kommt dazu.
> Mit dem Zeugnis wird belegt,
> dass zum Schluss sich Beifall regt.

1. Thema
2. Erklärung
3. Begründung
4. Gegensatz
5. Vergleich
6. Beispiel
7. Zeugnis = Zitat
8. Schluss

Englisch

– oder „He, she, it – das ‚s' muss mit!"

Jede Fremdsprache hat ihre eigenen Besonderheiten. Sei es die Grammatik, Aussprache oder die Bedeutungen von Wörtern, die nicht mit der jeweiligen Muttersprache korrespondieren. Abweichungen, Besonderheiten und Unterschiede merkt man sich deswegen am besten auf bewährte Art und Weise. Leider können wir bei den Fremdsprachen nicht auf einen solch großen Fundus an Merkhilfen zurückgreifen, wie wir diese gerade im Deutschen kennengelernt haben. Aber immerhin gibt es einige, die uns das Lernen leichter machen. So, let's go!

Vokabeltraining

Fangen wir gleich mit einem lustigen Einstieg an, der uns das Lernen englischer Vokabeln etwas erleichtert. Hier geht es im Allgemeinen um das Thema Waschen, Sauberkeit, Bügeln, … – also völlig alltagstaugliche Wörter.

> *Laundry* is „Wäsche",
> ein „Seil" is a *rope*,
>
> *wash* that means „waschen",
> und „Seife" is *soap*.
>
> *Collar* means „Kragen",
> ein „Hemd" is a *shirt*,
>
> *clean* that means „sauber",
> „Schmutz", that is *dirt*.

Iron means „bügeln",
und „trocken" is *dry*,

Stockings are „Strümpfe",
und „färben" is *dye*.

Das simple present und seine Tücke

Im Grunde ist die Konjugation der Verben im Englischen nicht so kompliziert wie im Deutschen. Während sich im Deutschen bei fast jeder Person das Verb verändert (ich geh**e** – du geh**st** – er/sie/es geh**t** – wir geh**en** – ihr geh**t** – sie geh**en**), ist das im Englischen nur bei jener dritten Person Singular im *simple present* der Fall. Hier muss man ein „s" an die Grundform des Verbs anhängen. Und weil wir das gerne vergessen, hilft quasi der Klassiker der englischen Eselsbrücken unserem Gedächtnis auf die Sprünge:

He, she, it – das „s" muss mit!

Denn es heißt nun mal:
He speak**s** with his friends.
She love**s** her husband.
It taste**s** good.

Ausnahmen bestätigen natürlich die Regel: Bei den Hilfsverben *can, must, may* wird kein „s" angehängt. Auch bei der Konjugation von *to be und to have* sowie *to go* und *to do* gibt es Sonderformen:

to **be**	→	He **is** really poor.
to **have**	→	She **has** a nice car.
to **go**	→	Money **goes** to money.
to **do**	→	It certainly **does**!

Handlungen in der Gegenwart — present tense

Aber wann nehmen wir eigentlich das *simple present* und wann nicht? Diese einfache Regel spricht für sich:

> Was machen wir alle Tage?
> *Simple present* — keine Frage!

Am besten auf folgende Signalwörter achten: *always, usually, normally* …

Simple past oder *present perfect?*

Mit der Vergangenheit im Englischen ist das so eine Sache, denn es gibt unterschiedliche Möglichkeiten: Ist die Handlung oder ein Vorgang in der Vergangenheit abgeschlossen, verwendet man das *simple past*. Aber es gibt auch das *present perfect*, das eine starke Verbindung mit dem Jetzt hat. Es wird im Englischen daher als Zeit der Gegenwart angesehen und somit entsprechend für die Gegenwart gebraucht. Die Handlung selbst kann dabei allerdings hauptsächlich oder komplett in der Vergangenheit stattgefunden haben. Das ist für Nicht-Muttersprachler natürlich etwas schwer zu handhaben, deswegen achten wir auf folgende Signalwörter:

> *Yesterday, ago* und *last* erfordern stets das „simple past".
> *Ever, never, yet, so far* — „present perfect", ist doch klar!

Did und der schwierige Infinitiv

Das Verb *to do* (dt.: tun) spielt eine sehr große Rolle im Englischen, da es auch als Hilfsverb eingesetzt wird. Am häufigsten tritt *to do* in Fragesätzen auf, aber es kann auch zur Unterstreichung bzw. Betonung eines anderen Verbs dienen oder in verneinenden Sätzen vorkommen. Im Präsens haben wir meistens keine Probleme, den Satz richtig zu bilden, aber im simple past (= did) neigt man gerne dazu, nicht nur die Form von *to do* in die Vergangenheit zu transferieren sondern auch das eigentliche Verb. Deshalb erinnert uns nachfolgende Eselsbrücke daran, dass nach *to do / did* immer die Grundform des Verbs stehen muss:

> *Did* plus Grundform ist die Norm,
> nach *did* steht nie 'ne past-tense-Form.

> So ist es richtig:
> Did you **watch** the film yesterday?
> Where did they **go** after the cinema?

Pluralbildungen

Die Plural-, also Mehrzahlbildung im Englischen ist im Grunde nicht schwer: Man hängt einfach ein „s" an das Ende des entsprechenden Nomens, wie z. B. tree → trees oder book → books. Aber ohne Ausnahmen wäre es dann doch zu einfach, deswegen gibt es einige Eselsbrücken, die uns die richtige Pluralbildung nicht mehr vergessen lassen.

> Es pluralt ja der Englischmann
> mit schlichtem „s" solang er kann.
> Dem Zischlaut nur tut's „s" so weh,
> d'rum dann im Plural nimm ein „e".

> Beispiele:
> watch   → watch**es**
> glass   → glass**es**
> box   → box**es**

Bei Wörtern, die im Englischen auf „fe" enden, wird das „f" im Plural zu „v". Im folgenden Merkspruch wäre die Übersetzung der Ehefrau (wife → wives) und Messer (knife → knives), wobei der Zusammenhang zwischen Ehefrauen und Messern als rein fiktiv zu betrachten ist:

> Ehefrauen und auch Messer,
> finden „v" im Plural besser!

Übrigens, das funktioniert auf die gleiche Weise bei:

thief   → thieves
shelf   → shelves

Endet ein Nomen auf „y" kann der Plural entweder mit „ie" oder „s" gebildet werden, das ist davon abhängig, ob ein Konsonant oder Vokal vor dem „y" steht:

Wenn es sich um den Plural handelt,
wird „y" in „ie" verwandelt,
aber nach a, e, i, o und u
bleibt das „y" in Ruh.

Beispiele:

city   → cit**ie**s
story   → stor**ie**s
toy   → to**ys**
day   → da**ys**

Und dann gibt es natürlich die absoluten Ausnahmen, da kommt man ums auswendig lernen nicht herum:

child → children, man → men, woman → women, mouse → mice, foot → feet, etc.

Orts- und Zeitangabe

Anders als im Deutschen stehen die Orts- und Zeitangaben im Englischen am Satzanfang oder hinter dem Objekt am Satzende. Treffen Orts- und Zeitangabe am Ende eines Satzes aufeinander, so steht im Englischen die Orts- vor der Zeitangabe. Leicht zu merken zum einen durch die alphabetische Reihenfolge **O**rt vor **Z**eit, also „O" steht vor „Z", oder aber durch folgenden Merkspruch:

Place before time!

False friends: *become* versus *get*

Achtung falsche Freunde! Es gibt viele Wörter, die man aus deutscher Sicht nur allzu gerne ins Englische übernehmen würde – und umgekehrt, da sie ähnlich klingen. Aber leider ist die Bedeutung oft eine andere – wie bei unserem Wörtchen *to become*. Entgegen der ersten Vermutung ist die deutsche Entsprechung nicht „bekommen" sondern die korrekte Übersetzung lautet „werden". Folgende Eselsbrücke, bei der es sich eigentlich um einen Witz handelt, ist vor allem bei Englischlehrern immer noch äußerst beliebt, wenn den Schülern die richtige Übersetzung des Wörtchens to become verdeutlicht werden soll. Es handelt sich um eine Szene in einem Restaurant, bei der der deutsche Gast den Kellner fragen will, wann denn das Rindersteak endlich serviert wird:

> **When do I become a beef steak?**
> **– I hope never, Sir.**

Der Kellner ist also keineswegs unfreundlich, wenn er auf die Frage des Gastes „Wann werde ich zum Rindersteak werden?" antwortet, dass das hoffentlich nie der Fall sein wird.

Sun or son

Die Aussprache der beiden Wörter *sun* „Sonne" und *son* „Sohn" – nämlich [sʌn] – ist völlig identisch, die Bedeutungen und Schreibung aber nicht. Deswegen denkt man am besten an das gemeinsame „o" in *son* und *boy*, dann fällt die richtige Schreibung nicht mehr schwer.

> **A son is a boy.**

Yesterday oder tomorrow?

Was heißt denn was? Wenn man den richtigen Zusammenhang zwischen Schreibung und Wortbedeutung herstellt, weiß man genau Bescheid.

> Yesterday = **gestern**
> Tomorrow = **morgen**

Much or many?

Viel oder viel? Im Deutschen ist uns diese Unterscheidung fremd, aber im Englischen kommt es darauf an, ob man Substantive zählen kann oder nicht. Handelt es sich eher um abstrakte Begriffe wie Luft, Wasser etc., verwendet man *much*, andernfalls kommt *many* zum Einsatz. Kurz und knapp heißt das dann:

> Lassen sich Nomen zählen?
> *Many* wählen!

Unterscheidung von if und when

Wenn das Wörtchen wenn nicht wär' … Ja, mit dem „wenn" ist das so eine Sache, denn im Deutschen hat es die Bedeutung von „wenn" und „falls". Im Englischen wird jedoch genau unterschieden. Steht es in einem zeitlichen Zusammenhang und kann mit „sobald" ersetzt werden, verwendet man *when*:

> **When** I'm in London, I'll visit you.
> **Sobald** ich in London bin, werde ich Dich besuchen.
> Es ist sicher, dass man dorthin fährt!

Ist es möglich, „wenn" durch „falls" zu ersetzen, muss *if* stehen:

> **If** I'm in London, I'll visit you.
> **Falls** ich in London bin, werde ich Dich besuchen.
> Es ist nicht sicher, dass man dorthin fährt!

Folgende Eselsbrücke erinnert zwar sprachlich an Meister Joda aus Krieg der Sterne, aber man kann sich auch einfach merken, dass *if* und „falls" jeweils ein „f" gemeinsam haben:

> Wenn „falls" du setzen kannst,
> in Englisch *if* du nehmen darfst.

Since or for?

Will man das Wörtchen „seit" richtig übersetzen, hat man so seine Probleme, denn im Englischen muss man unterscheiden: Handelt es sich um einen Zeitpunkt, ist *since* die richtige Wahl. Dagegen muss bei einer Zeitspanne unbedingt *for* stehen. Hier ein Beispiel, um das Problem zu verdeutlichen:

> He has been playing tennis **since** four o'clock.
> He has been playing tennis **for** two hours.

Deswegen sollte man auf eine kleine List zurückgreifen, dann hat man den kleinen Unterschied immer parat.

> Bei *since* ist der Punkt auf dem „i".
> Bei *for* dehnt sich der Raum im „o".

Who or which?

Die beiden Fragewörter *who* und *which*, die auch als Relativpronomen zum Einsatz kommen, werden gerne verwechselt: *Who* bezieht sich nur auf Personen, während *which* Tiere und Dinge bezeichnet, z. B.

> The woman who …
> The book which …

Folgende Eselsbrücke erleichtert die jeweilige Zuordnung:

> **Who** = Person
> **which** = Tier, Ding

Who? Where?

Und da wir gerade bei den Fragepronomen sind, kommt hier auch ein guter Denkanstoß, um sich die jeweilige Bedeutung einzuprägen. Dann verwechselt man „wo" ganz bestimmt nicht mehr mit *who*, auch wenn es ähnlich geschrieben wird.

> The question **who** – the answer **you**.
> The question **where** – the answer **there**.

Französisch
— oder „Wo sitzt der Floh?"

Parlez-vous français? Bis man der französischen Sprache tatsächlich mächtig wird, ist es ein weiter, oft beschwerlicher Weg. Denn als romanische Sprache haben wir hier nicht nur mit Wortschatz und Grammatik zu kämpfen, sondern auch mit einer Schreibweise, die uns bisher nicht bekannt war. Ein kleiner Akzent auf einem Buchstaben macht oft schon den großen Unterschied und auch die Abweichung zwischen Schreibung und Aussprache ist für uns nicht ganz einfach nachzuvollziehen. Deswegen freuen wir uns umso mehr über die altbewährten Helferlein, und schon ist alles nur noch halb so schwer …

Der kleine Unterschied: où und ou

Zwei identische Wörter mit einem winzigen Unterschied: Über dem „u" befindet sich ein sogenannter „accent grave", der von links oben nach rechts unten verläuft. Darum haben beide Wörter eine völlig unterschiedliche Bedeutung, nämlich „où" heißt „wo" und das Wort ohne *accent* bedeutet „oder". Mit diesen Eselsbrücken fällt die Unterscheidung nicht mehr schwer:

> Auf dem „où" als „wo" sitzt ein kleiner Floh.
>
> Auf der „Oder" schwimmt kein Graf.
>
> Der „accent grave" steht wo?

Die Cedille

Die Cedille – ein kleines Unterhäkchen unter dem „ç" – verändert die Aussprache des Buchstabens: Statt [k] wird dann [s] gesprochen. Wird das „c" in den

Buchstabenkombinationen „ci" und „ce" gebraucht, wird es automatisch als [s] gesprochen, folgt nach dem „c" aber ein a, o oder u ändert sich die Aussprache in [k]. Dann ist eine Cedille notwendig, wenn ein [s]-Laut ausgesprochen werden soll: z. B. bei ça, français oder Verbkonjugationen in der ersten Person Plural mit der Endung -ons → nous commençons (Grundform: commencer „anfangen, beginnen")

> Vor o, u, a, lautet „c" wie „k".
> Hängt man eine Cedille dran,
> nimmt es gleich den „s-Laut" an.

Maskulin oder feminin?

Die Qual der Wahl? Da es im Französischen kein Neutrum gibt, müssen alle Vokabeln mit dem passenden männlichen (le) oder weiblichen (la) Artikel gelernt werden. Denn auch wenn wir im Deutschen **die** Sonne sagen, heißt das auf Französisch „**le** soleil" und auch umgekehrt ist **der** Mond „**la** lune". Zum Glück gibt es bestimmte Substantiv-Gruppen, die mit einer gewissen Regelmäßigkeit auf das jeweilige Genus verweisen.

> Männlich ist die Endung „age",
> ausgenommen sind l'image,
> und la plage, la rage, la cage.
>
> Feminina kennt man schon
> an der Endung „eur" und „son";
> auch die Endung „ée" und „té"
> meist als weiblich man anseh'.

Kleines Zahlentraining

Die französische Zählweise hat ja ihre ganz speziellen Eigenarten: Man denke an den Umstand, dass die Zahl 70 als 60+10 (soixante-dix) gebildet wird oder 80 sich aus 4 x 20 (quatre-vingts) ergibt. Übrigens, falls Sie diese Zählweise in der französischen Schweiz oder in Belgien anwenden sollten, ernten Sie dafür eher unverständliche Blicke. Denn hier gibt es tatsächlich eine „septante, huitante, octante oder nonante" – aber dies nur nebenbei bemerkt. Für die ersten Zahlen von 1 – 20 gibt es zwei nette Eselsbrücken:

Un, deux, trois,
je m'en vais au bois,
quatre, cinq, six,
cueillir des cersises.

Un, deux, trois:
ça, c'est moi.
Quatre, cinq, six:
J'aime Alice.
Sept, huit, neuf:
Dans la rue Elboeuf.
Dix, onze, douze:
J'aime Toulouse.
Treize, quatorze, quinze et seize:
J'aime aussi la mayonnaise.
Dix-sept, dix-huit, dix-neuf et vingt:
Voilà les nombres, c'est la fin.

Lustiges Vokabeltraining

Le bœuf – der Ochs,
la vache – die Kuh,
fermez la porte – die Tür mach zu!

„Se coucher" heißt: zu Bette gehen,
„se lever" heißt: früh aufstehen,
„se fier à" heißt: einem trauen,
„se défier de" weckt das Misstrauen.

Voulez vous Kartoffelsupp
avec verbrannte Klöß?
Non, monsieur, je danke vous,
je n'ai pas appétit dazu.

Passé composé mit être

Die Bewegungsverben bilden das *passé composé* mit dem Hilfsverb *être* „sein"
und nicht mit *avoir* „haben". Mit diesem kleinen Merkspruch behält man die betreffenden Verben in guter Erinnerung. Aber Vorsicht ist trotzdem geboten,
denn bei den mit *être* gebildeten *passé composé* Formen wird das Partizip jeweils an das Subjekt angeglichen.

Beispiel: Il est arrivé. Aber: Elles sont arrivé**es**.

Aller, venir, arriver
sortir, partir, retourner,
mourir, entrer, décéder,
descendre, rester, demeurer
monter, tomber, naître
konjugiere stets mit être

Welches Hotel bitte?

Das „Hôtel de ville" ist nicht für Übernachtungsgäste gedacht, sondern der Ar-
beitsplatz der städtischen Beamten. Deswegen macht folgende Merkhilfe den
kleinen, aber feinen Unterschied besonders deutlich:

Im „hôtel" findet man Betten zum Pennen,
im „Hôtel de ville" nur Beamte, die pennen.

Aussprache „g"

Wie im Französischen das „g" gesprochen wird, hängt vom nachfolgenden Vokal ab. Wenn ein e oder i folgt, dann spricht man das „g" als „sch", aber Vorsicht: Es handelt sich um die stimmhafte Variante [3].

> Vor e und i sprich „sche" und „schi",
> vor a, o, u sprich „ga", „go" und „gu".

Toujours immer mit „s"

Das Wort „toujours" bedeutet „immer" und wird deswegen immer mit einem „s" am Ende geschrieben, auch wenn man dies nicht ausspricht:

> Toujours a toujours un „s".

Reihenfolge der Objektpronomen

Wenn direkte und indirekte Objektpronomen zusammentreffen, muss eine bestimmte Reihenfolge eingehalten werden: An erster Stelle stehen die direkten (le, la, les) und danach die indirekten (lui, leur). Vertauscht man die Position, hört sich das schlimm an: *Quelle horreur!*

> Beispiel: Il montre son appartement à Nicole. → Il le lui montre.

> Es gibt kein „lui le" und kein „leur le",
> denn das tut weh dem Öhrle.

Präposition à

Die Präposition à verwendet man oft, um die Richtung anzuzeigen:

> À Paris, à Paris,
> sur mon petit cheval gris,
> à Rouen, à Rouen
> sur mon petit cheval blanc.

Präpositionen „à" und „de" mit Artikel

Mit den Präpositionen *à* und *de* verschmelzen die Artikel *le* und *les* zu einer Form: à + le wird zu „au" und de + le wird zu „du". Im Plural heißen die Formen: à + les = „aux" und de + les = „des". Nachfolgende Eselsbrücken helfen uns auf jeden Fall im Singular weiter. Und wenn es da erst einmal klappt, vergisst man die Pluralformen auch nicht mehr:

> „À" und „le", oh welch ein Graus –
> mach „au" daraus!

> Wer „à le" sagt und „de le",
> hat Falsches in der Kehle.

Wer ist „Ornicar"?

Der Name „Ornicar" ist ein Kunstwort und setzt sich aus den Konjunktionen *or* – *ni* – *car* zusammen. Es handelt sich hier um beiordnende Konjunktionen, die gleichrangige Sätze, also Hauptsätze, miteinander verbinden. Im Französischen gibt es insgesamt folgende:

> mais, ou, et, donc, or, ni, car. Um sich alle gut zu merken, hilft diese Eselsbrücke weiter:

> Mais où e(s)t donc Ornicar ?

Schreibweise cueillir / accueillir

Manche Wörter sind im Französischen wirklich schwer zu schreiben, da kommt man ohne Gedankenstütze nicht weiter. Darum merke, wer diese Wörter richtig schreiben will, den einfachen Sachverhalt:

> Erst die „Kuh" und dann das „Ei"!

> → CU-EI-llir oder AC-CU-EI-llir

cime versus *abîme*

Welches Wort wird denn nun mit *accent circonflexe* geschrieben und welches nicht und warum eigentlich nicht beide? In der französischen Sprache markiert der *accent circonflexe* meist den Wegfall eines nachfolgenden altfranzösischen „s" wie zum Beispiel (altfrz.) estre → être „sein" oder (altfrz.) fenestre → fenêtre „Fenster". Darum ist die unterschiedliche Schreibweise von **cime** „Gipfel, Wipfel" und **abîme** „Abgrund" sprachhistorisch bedingt und heute nicht mehr ersichtlich. Zum Glück gibt es eine bewährte Eselsbrücke, mit der man sich genau merken kann, wo denn der *circonflexe* sitzen muss:

> Le chapeau de cime tombe dans l'abîme.

Mit *chapeau* „Hut" ist natürlich der *accent* gemeint, der in den Abgrund fällt.

Italienisch

– oder „Auf qui und auf qua, l'accento non va."

Die Anzahl bewährter Eselsbrücken für die italienische Sprache hält sich leider sehr in Grenzen, obwohl Italien doch eines der beliebtesten Urlaubsziele der Deutschen ist. Man könnte fast meinen, dass wir gar keine Probleme haben, diese wunderbare wohlklingende Sprache zu erlernen und Merkhilfen jeglicher Art quasi überflüssig sind.

Qui und qua

Die Aufforderung *Vieni qui!* hört man oft, wenn italienische Mütter ihre kleinen Kinder wieder zu sich herholen wollen. Und der Dickköpfigkeit der Kleinen entspricht die Anzahl der Wiederholungen. Die beiden Wörter *qui* und *qua* bedeuten „hier, hierher" und werden immer ohne Akzent geschrieben:

> Auf *qui* und auf *qua*, *l'accento non va*.

Lustiges Vokabeltraining

> Geburt ist *nascita*,
> der Tod ist *la morte*;
> dazwischen *la vita* –
> das sind wichtige Worte!

> Aqua – das Wasser,
> vino – der Wein,
> ciambella – die Brezel,
> die tunkt man hinein.

Ieri war gestern,
oggi ist heut',
domani heißt morgen
und *tempo* die Zeit.

Amor und die Hauptstadt

Der Liebesgott „Amor" wird rückwärts gelesen zu „ROMA", Hauptstadt Italiens und der antiken Republik – eine wahre Stadt der Liebe!

> Liest du den Liebesgott verkehrt,
> wird seine Hauptstadt dir beschert.

Unpersönliche Ausdrücke

Anders als im Deutschen verlangen unpersönliche Ausdrücke im Italienischen das Adjektiv im Plural.

> Beispiel: si è molto content**i** qui → „man ist hier sehr zufrieden"

> si impersonale – aggetivo al plurale.

Der Trick mit dem „h"

Das im Italienischen verwendete c wird – je nachdem, welcher Vokal folgt – entweder als „k" ausgesprochen (bei nachfolgendem Vokal a, o oder u), bzw. als „tsch" bei nachfolgendem Vokal i oder e („tschi/tsche"). Um den Laut „ki" bzw. „ke" zu bilden, wird im Italienischen nach dem „c" das „h" eingefügt. Dieselbe Regel lässt sich auch auf das „g" anwenden („dschi/dsche").

> ca, co acca (=h) no; che, chi acca si!.

Latein

— oder „Aqua ‚das Wasser', vinum ‚der Wein' …

… scher dich zum Teufel – verfluchtes Latein!" Beim Pauken der unterschiedlichen Deklinationen, Konjugationen oder unregelmäßigen Verben hat bestimmt so mancher Schüler seinen Unmut schon lautstark zum Ausdruck gebracht. Aber so richtig weiter bringt das einen nicht. Dafür sind die zahlreichen Eselsbrücken, die es in diesem Fach gibt, eine wirkliche Hilfe. Und manchmal kann man sich sogar ein Schmunzeln nicht verkneifen. Also stürzen wir uns *in medias res* …

Lustiges Vokabeltraining

> Es ging der Bauer *agricola*,
> mit seiner Frau, der *femina*,
> über die Brücke *pons*,
> an die Quelle *fons*
> und schnitt mit seinem *culter*, Messer,
> eine *radix*, Wurzel, ab.
>
> Lepus – ein Has'
> sedebat – er saß
> in via – auf der Straß'.
> Edebat – er aß.
> Quid – was?
> Gramen – Gras!

Die zwei Vokabeln *iocus* „Scherz" und locus „Ort" werden gerne verwechselt und lassen sich so auf lustige Art und Weise einprägen:

> **Zwei Knaben machten sich den *iocus***
> **und tranken Most im Keller.**
> **Da mussten beide auf den *locus*,**
> **jedoch der Most war schneller!**

Mund oder Knochen? Mit folgender Eselsbrücke fällt die Unterscheidung nicht mehr schwer:

> **Os, oris ist der Mund.**
> **Os, ossis frisst der Hund.**

Das Wörtchen *vis* ist auch ein schwerer Fall: Es kann „Gewalt" und gleichzeitig „du willst" bedeuten. Eine Verwechslung vermeidet man am besten mit folgendem Spruch:

> *Vis* „Gewalt" und *vis* „du willst"
> **sonderbar sich gleichen.**
> **Was du *vi vis* („mit Gewalt willst"), glaube mir,**
> **wirst Du auch nie erreichen.**

Zahladverbien

Obwohl orthografisch nicht ganz korrekt, findet man auf lautlicher Ebene eine gute Brücke zu den lateinischen Bezeichnungen von:

> semel → „einmal"
> bis   → „zweimal"
> ter   → „dreimal"
> quater → „viermal"
>
> **In die Semmel biss der Kater.**

Städtenamen ohne Präposition

Bei allen Orts- und Städtenamen steht keine Präposition, und zwar ohne Ausnahme!

> Bei Städtenamen
> wisst ihr schon,
> steht keine Präposition.

Sonderfall aliquis/aliquid

Nach den aufgezählten Konjunktionen verliert das unbestimmte Fürwort *aliquis / aliquid* in der Bedeutung „irgendwer / irgendwas" die Vorsilbe „ali".

> Nach si, nisi, ne, num, quo, quanto, ubi, cum
> fällt unser ali um.

Konjunktionen mit Konjunktiv

In Nebensätzen, in denen die Konjunktionen *ut, ne, quo* oder *quin* stehen, muss das Verb im Konjunktiv stehen.

> *Ut* und *ne* und *quo* und *quin*
> nehmen *coniunctivum* hin.

Der schwierige Fall – Ablativ

Die alten Römer waren schon immer ziemlich unbescheiden: Kein Land, das sie nicht versuchten zu unterwerfen. Auch in der Sprache gab man sich nicht mit schnöden vier Fällen zufrieden, sondern setzte noch einen drauf: den Ablativ, der in den „lebenden" Sprachen mit der Zeit völlig eliminiert und im Deutschen durch den Dativ oder Akkusativ ersetzt wurde. Wenn man sich die Präpositionen merkt, die mit Ablativ stehen, ist das schon die halbe Miete.

A und ab und ex und de,
cum und sine, pro und prae
ich beim Ablativ nur seh.

Adjektive mit Genitivkonstruktion

Bei den folgenden Adjektiven steht die Angabe des Objektes immer im Genitiv:
cupidus „begierig", partus „kundig", memor „eingedenk", particeps „teilhaftig",
potens „mächtig", plenus „voll":

Des Bieres kundig eingedenk
war er teilhaftig mächtig voll!

Begierig, kundig, eingedenk,
teilhaftig, mächtig, voll,
man stets nur mit dem Genitiv
konstruieren soll.

Adverb oder Adjektiv?

Wenn eine Form von „sein" Vollverb ist, dann muss ein Adjektiv im Satz verwendet werden und kein Adverb. Das Adjektiv muss hinsichtlich Kasus, Nume-
rus und Genus an das Substantiv angeglichen werden. Das Adverb bleibt jeweils
unverändert und bestimmt – wie der Name schon sagt – andere Verben genauer. Zu kompliziert? Hier ein kleines Beispiel und eine Eselsbrücke, die den Unterschied verdeutlicht:

Das Essen **ist gut**. → Cena **bona est**. (Adjektiv!)
Wir **haben gut gegessen**. → **Bene** cenavimus. (Adverb)

Der ist dumm,
der bei *sum*
setzt das Adverbium.

Also aufpassen bei den Formen von esse „sein", hier im Präsens: sum – es – est – sumus – estis – sunt. Und zwar über alle Zeitformen im Indikativ und Konjunktiv!

Genusregeln

Beim *genus* handelt es sich um das jeweilige grammatikalische Geschlecht eines Substantives. Wie im Deutschen gibt es im Lateinischen drei Geschlechter: männlich, weiblich und sächlich. Da diese Bestimmung für den Satzbau sehr wichtig ist, gibt es verschiedene Möglichkeiten, das richtige grammatikalische Geschlecht herauszufinden. In einem ersten Schritt, macht es zunächst Sinn, nach der Bedeutung zu fragen, denn zum Beispiel *vir* „der Mann" muss natürlich auch maskulin sein:

> Wer das *genus* wissen mag,
> erst nach der Bedeutung frag!

Leider hatten die alten Römer aber bei manchen Wörtern eine andere Auffassung als wir, denn *sol* „die Sonne" war zum Beispiel männlich. Kommt man also mit dieser Vorgehensweise nicht weiter, nimmt man sich die Endung vor:

> Kann die Bedeutung dir nicht zeigen,
> welch *genus* einem Wort zu eigen,
> nach der Endung schau schnell hinten
> und das *genus* wirst du finden.

Alle Substantive, die auf -*us* enden, sind männlich, die Endung -*a* deutet meist auf weiblich hin und alle sächlichen Substantive enden auf -*um*.

Hier noch ein paar Merkhilfen für die Endungen -*x* und -*or*:

> Die Schürzenbänder der Frauen
> kreuzen sich auf dem Rücken,
> folglich sind alle Wörter auf –*x* weiblich.

Die Ohren der Männer sind
größer als die der Frauen.
Folglich sind alle Wörter auf -or männlich.

Für alle anderen Fälle hilft dann leider nur schnödes Auswendiglernen, aber einen kleinen Rettungsanker gibt es noch:

Die Männer, Völker, Flüsse, Wind
und Monat' Masculina sind.
Die Frauen, Bäume, Städte, Land –
als Feminina sind bekannt.
Was jedoch nicht Frau noch Mann,
sieht man als ein Neutrum an.

Genitiv mit Endung -ius

Alle Substantive, die in der Eselsbrücke vorkommen, enden mit -ius im Genitiv und haben im Dativ -i als Endung:

Unus, solus, totus, ullus,
uter, alter, neuter, nullus,
alius erfordern alle
-ius in dem zweiten Falle
und im Dativ enden sie
immer auf ein langes -i.

Die Freude am Deklinieren

Jeder Lateiner kann ein Lied davon singen! Ein besonders fröhliches ist es nicht, denn wer lernt schon gerne die unterschiedlichen Deklinationen auswendig, um dann die jeweils passende zu finden. Und damit noch nicht genug: Nun muss das Substantiv richtig durch die fünf Fälle im Singular und Plural dekliniert, oder zu Deutsch „gebeugt" werden. Mit den altbewährten Helferlein kommt aber selbst der störrischste Esel ans Ziel.

Erste oder a-Deklination
Das Wort, das nach der Ersten geht,
genus femininum steht.

Zweite oder o-Deklination
Männlich sind – leicht merk ich`s mir –
die auf -us
und -er und -ir.
Neutra sind hinwiederum
alle jene dann auf -um.

Leider gibt es hier aber ein paar Ausnahmen, die man unbedingt wissen sollte:

Zwei Ländernamen sind's auf -*us*,
die ich als weiblich merken muss:
Aegyptus, einstens weltbekannt,
Epirus dann in Griechenland.
Die Städte und die Inseln alle
mit Endung -*us* im ersten Falle
sind *feminini generis*,
die Pelopsinseln nich vergiss!
Auch *humus* ist ein Feminin,
doch *vulgus* stell zum Neutrum hin.

Dritte oder gemischte Deklination
Da es sich um eine gemischte Deklination handelt, muss man zunächst einmal
nach dem jeweiligen Geschlecht unterscheiden:

Bei -*or*, -*os*, -*er* – dann wird's recht,
setz stets das männliche Geschlecht!

Doch die auf -*o*, -*as*, -*es*, -*x*, -*is*
sind *feminini generis*.
Geht Konsonant dem -*s* voraus,
sind weiblich sie gleich *laus* und *fraus*.

Kleine Übersetzungshilfe: *laus* „Lob" und *fraus* „Betrug"

Die Wörter auf *-n, -e, -l, -ar*,
dann *caput, lac* als eignes Paar,
und jene endlich auf *-ur, -us*
ich mir als Neutra merken muss.

Kleine Übersetzungshilfe: *caput* „Kopf" und *lac* „Milch"

Vierte oder u-Deklination

Der vierten *-us* lass männlich sein,
doch räume *-u* den Neutris ein.

Feminina sind auf *-us*
tribus, acus,
porticus. domus,
manus, idus.

Fünfte oder e-Deklination

Der fünften Wörter auf *-es*
bedeuten etwas Weibliches.
Nur männlich ist der Tag *dies*
und ebenso *meridies*.

Verben mit Akkusativ

Nach diesen Verben muss der Akkusativ stehen, denn die Frage lautet: „Wohin?"

WOHIN frag´ stets bei *contraho,*
concurro, cogo, confero,
advenio und *convenio,*
appello, abdo, nuntio.

Verben mit Ablativ

Folgende Verben stehen mit dem Ablativ, denn die Frage lautet: „Wo?"

> Der Römer stellt die Frage WO?
> bei *pono, loco, colloco,*
> *statuo, constituo,*
> *consisto* und *consido.*

Konjugation von Verben

Mit diesem einfachen Merkspruch kann man sich die verschiedenen Endungen im Aktiv gut einprägen:

> **Nach Ost muss diese Ente.**

Die Endungen lauten: *-o, -s, -t, -mus, -tis, -nt.* Bei der zweiten Person Plural muss zwar ein bisschen geschummelt werden (dies → *-tis*), aber trotzdem merkt es sich auf diese Weise besser. Hier noch ein Beispiel mit dem Wörtchen „lieben" amare:

> *am-o, ama-s, ama-t, ama-mus, ama-tis, ama-nt.*

Größen und Mengen

Die Gegensätze *plus* und *minus* haben ihre Steigerungsformen in *magnus* „groß" und *parvus* „klein". Die Wörter quantum „wie viel", tantum „so viel" sowie nihil „nichts" beziehen sich auf Mengen.

> Magni, pluris, plurimi,
> parvi, minoris, minimi,
> tanti, quanti, nihili
> sind für die Menge,
> vergiss das nie!

Astronomie

— oder „Was mir mein Vater jeden Sonntag erklärt"

Astronomie oder Astrologie? Mit den Sternen haben beide Bereiche zu tun, allerdings handelt es sich bei der Astronomie um das naturwissenschaftliche Fachgebiet von der „Beobachtung der Sterne" (griech. *astronomia*). Mit der Deutung und Interpretation der Sterne, wie dies bei der Astrologie (griech. *astron* „Stern" und *logos* „Lehre") der Fall ist, hat dies nichts zu tun. Aber wie dem auch sei, wir sollten uns ein bisschen in unserem Universum auskennen. Also lassen wir uns ein auf die Welt der Planeten, ganz nach Galileos Motto:

Die Neugier steht immer an erster Stelle eines Problems, das gelöst werden will.

Die Planeten unseres Sonnensystems

Unser Sonnensystem bestand eigentlich aus neun Planeten, bis die Internationale Astronomische Union im Jahre 2006 die Kriterien für Planeten neu definierte. Somit sind es nur noch acht und der arme Pluto, der kleiner ist als unser Erdmond, wurde zum Zwergplaneten degradiert: Er umkreist zwar die Sonne und besitzt genügend Masse, um eine kugelförmige Gestalt anzunehmen, aber er schafft es nicht, das dominierende Objekt seiner Umlaufbahn zu sein und diese „freizuräumen". Aber irgendwie gehört er dennoch zu unserem Sonnensystem dazu, ob als Planet oder nur als Zwergplanet. Und wer alle Himmelskörper vollständig entsprechend ihrer Entfernung zur Sonne nennen will, der sollte sich folgende altbewährte Eselsbrücke einprägen. Die Anfangsbuchstaben der Worte entsprechen den jeweiligen Planeten.

Mein Vater erklärt mir jeden Sonntag unsere neun Planeten.

M = Merkur Entfernung ca. 58 Millionen Kilometer

V = Venus Entfernung ca. 108 Millionen Kilometer

E = Erde Entfernung ca. 150 Millionen Kilometer

M = Mars Entfernung ca. 222 Millionen Kilometer

J = Jupiter Entfernung ca. 785 Millionen Kilometer

S = Saturn Entfernung ca. 1,5 Milliarden Kilometer

U = Uranus Entfernung ca. 3 Milliarden Kilometer

N = Neptun Entfernung ca. 4,5 Milliarden Kilometer

P = Pluto Entfernung ca. 6 Milliarden Kilometer

Für alle, die sich an die strenge Planetenklassifikation halten wollen, gibt es folgende Alternative, in der Klein-Pluto nicht mehr auftaucht:

Mein Vater erklärt mir jeden Sonntag unseren Nachthimmel.

Der Verlauf der Sonne

Aufgrund der Erdrotation ändert sich die sichtliche Position der Sonne ständig. Schon die alten Ägypter wussten diesen Umstand zu nutzen und konnten letztlich mit der Erfindung der Sonnenuhr die jeweilige Tageszeit genau bestimmen. Im Zeitalter der Funk- und Digitaluhren haben wir es zwar nicht mehr nötig, auf die alte Zeitmessung zurückzugreifen, aber eine grobe Orientierung am Sonnenstand kann nie schaden. Vor allem, wenn man ganz nebenbei auch noch die Himmelsrichtungen bestimmen kann.

Im Osten geht die Sonne auf,
im Süden ist ihr Mittagslauf,
im Westen wird sie untergehen,
im Norden ist sie nie zu sehen.

Die Mondphasen

Der Mond ist der einzige Himmelskörper, der sich um die Erde dreht. Seine Masse und die Nähe zur Erde haben Einfluss auf unser Wetter, die Gezeiten, das Wachstum der Pflanzen und letztlich auf unser eigenes Befinden. Immer mehr Menschen besinnen sich auf alte Traditionen und richten ihr Verhalten nach den verschiedenen Phasen des Mondes aus: Wann sollte angepflanzt werden, wann ist der richtige Zeitpunkt, sich die Haare schneiden zu lassen. Es gehört aber auch zur Allgemeinbildung zu wissen, ob der Mond nun gerade ab- oder zunimmt. Wenn man wirklich auf Nummer sicher gehen will, sollte man auf diese Eselsbrücken zurückgreifen. Achtung: Diese Merksprüche gelten nur für die Nordhalbkugel, auf der Südhalbkugel verhält es sich genau andersherum!

(= Klammer **auf**, der Mond nimmt **ab**
) = Klammer **zu**, der Mond nimmt **zu**

Die Sichel des abnehmenden Mondes zeigt ein kleines a,
die des zunehmenden Mondes ein kleines Sütterlin-z

Nimmt der Mond also **ab**, dann lässt sich seine Form zu einem klein geschriebenen *a* ergänzen. Wenn er **zu**nimmt, kann man sich seine Sichel als oberen Bogen des altdeutschen *z* vorstellen.

Es gibt auch einen passenden Merkspruch, mit dem man die Mondphasen unterscheiden kann. Allerdings benötigt man dazu ein paar Lateinkenntnisse:

Luna mentitur. – „Der Mond lügt."

Zeigt die Mondsichel ein „C" wie in lat. **c**rescere (= wachsen), dann nimmt der Mond ab. Hat der Mond eine Form, wie ein zu ergänzendes „D" wie in lat. **de**crescere (= abnehmen), nimmt er zu. Der Mond gaukelt uns etwas vor und macht genau das Gegenteil von dem, was er behauptet. Er lügt uns an!

Biologie

— oder „Wer ist Margarethe CHONS?"

Ob Pflanzen oder Tiere – die Biologie ist die Wissenschaft des Lebendigen und darum ein äußerst großer und vielfältiger Bereich. Hier kann man echte Geheimnisse des Mikrokosmos entdecken oder sich auf die Suche nach dem größten Säugetier der Erde machen. Ein weites, spannendes Feld …

Hauptkategorien der Botanik und Zoologie

Alle Pflanzen und Tiere werden in Kategorien eingeteilt und entsprechend klassifiziert. Dieses Akronym hilft, um die systematische Einteilung in der richtigen Reihenfolge vorzunehmen. Es besteht jeweils aus den Anfangsbuchstaben der jeweiligen Kategorie:

SKOFGA

Stamm (Phylum)

Klasse (Classis)

Ordnung (Ordo)

Familie (Familia)

Gattung (Genus)

Art (Species).

Nährstoffe der Pflanzen

Nicht nur Gartenliebhaber sollten wissen, welche Nährstoffe die Pflanzenlieblinge benötigen, um richtig wachsen und gedeihen zu können. Am besten·fragen wir Margarethe CHONS, denn sie weiß Bescheid:

CHONS Margarethe kocht prima CaFe.

C = Kohlenstoff
H = Wasserstoff
O = Sauerstoff
N = Stickstoff
S = Schwefel
Mg = Magnesium
K = Kalium
P = Phosphor
Ca = Calcium
Fe = Eisen

Vererbungsregeln nach Mendel

Der katholische Priester und Naturforscher Gregor Mendel (1822–1884) hat drei grundsätzliche Regeln entdeckt, nach denen die Weitergabe der Erbanlagen von Pflanzen erfolgt. Er wird deswegen auch als Vater der Genetik bezeichnet.

UNI – SPA – UNA

UNI = Uniformitätsregel
SPA = Spaltungsregel
UNA = Unabhängigkeitsregel

Tierstämme

WirGlie-WeiSta-WürHo-SchwUr

Hier werden die verschiedenen Tierstämme benannt.

Wi:	Wirbeltiere
Glie:	Gliederfüßer
Wei:	Weichtiere
Sta:	Stachelhäuter
Wür:	Würmer
Ho:	Hohltiere
Schw:	Schwämme
Ur:	Urtiere

Symbole für männlich & weiblich

Um männlich und weiblich zu unterscheiden, werden in der Biologie zwei Symbole verwendet.

Das Symbol für „männlich" ♂ erinnert an ein Schild mit Speer und das Symbol für „weiblich" ♀ wirkt wie ein Spiegel mit Haltegriff.

Größtes Säugetier – der Blauwal

Der Blauwal ist das schwerste und größte Tier der Erde. Er kann bis zu 30 Meter lang werden und ein Gewicht von 150 Tonnen erreichen. Leider gehört er auch zu den meistbedrohten Tierarten.

Ein Riese in dem Weltenmeer,
bis 150 Tonnen schwer,
der Wassertiere Admiral,
ist der Koloss, der blaue Wal.

Elefantenarten

Afrikanische Elefanten haben lange Ohren –
Indische Elefanten haben winzige Ohren.

Kamel oder Dromedar?

Wie war das gleich mit den Höckern? Welches Tier hat nur einen und welches zwei? Eine Unterscheidung ist mit dieser Eselsbrücke ganz einfach:

> Das Kamel mit zwei Höckern ist das Trampeltier,
> das Kamel mit einem Höcker ist das Dromedar.

Da das Kamel zwei Höcker hat, wird es als „Trampeltier" bezeichnet. Im Wort entsprechen die zwei „e" der entsprechenden Anzahl der Höcker. Das Dromedar wird nur mit einem „e" geschrieben und hat folglich nur einen Höcker.

Krokodil

> Sehr bissig ist das Krokodil,
> du nennst es richtig ein Reptil.

Der Vogel Strauß

Der Vogel Strauß ist der größte Vogel der Erde, nur leider kann er gar nicht fliegen, dafür umso schneller laufen. Dass er seinen Kopf gerne in den Sand steckt, ist allerdings ein Gerücht, das auf eine falsche Wahrnehmung zurückzuführen ist. Da das Tier seine Nahrung vom Boden aufnimmt, sieht das in der Ferne irrtümlicherweise so aus, als würde der Kopf im Sand oder im Gras verschwinden. Auch wenn es sich schützend über seinem Nest ganz flach auf den Boden legt, entsteht dieser Eindruck. Wenn Gefahr droht, weiß sich der Vogel durchaus zur Wehr zu setzen und kann mit seinen kräftigen Tritten sogar Löwen töten. Von wegen also „den Kopf in den Sand stecken"! Obwohl wir dieses Bild dennoch mit dem Vogel Strauß untrennbar verbinden.

> Ein Tier, das weit und breit bekannt,
> steckt gern den Kopf mal in den Sand,
> ist Vogel, aber steigt nie auf –
> der Strauß, ganz groß im Tempolauf.

Meisenarten

Mit Blaubart und Nonnenhaube,
Beutel, Schwanz wie`n Specht um Laube,
im Sumpf und Kohl, auf Tannen, Weiden –
das Meisenvolk ist gut zu leiden.

Es gibt elf Meisenarten, die hier aufgezählt werden.

Blaubart:	Blau- und Bartmeise
Nonnenhaube:	Nonnen- und Haubenmeise
Beutel:	Beutelmeise
Schwanz:	Schwanzmeise
Specht:	Spechtmeise
Sumpf:	Sumpfmeise
Kohl:	Kohlmeise
Tannen:	Tannenmeise
Weiden:	Weidenmeise

Spechtarten

In Bunt, in Rot, Schwarz, Grün und Grau,
in Mittel-, Klein- und Zwergenbau,
als Brut wie Elstern weiß am Rücken:
Familie Dreizeh kann prima sich schmücken.

Mit dieser Eselsbrücke können sich Spechtarten gemerkt werden.

Bunt/ Rot: Bunt- und Rotspecht
Schwarz: Schwarzspecht
Grün: Grünspecht
Grau: Grauspecht
Mittel: Mittelspecht
Klein: Kleinspecht

Zwerg: Zwergspecht oder Kleiner Buntspecht
Dreizeh: Dreizehenspecht

Die Namen der Tierkinder

Welpen sind die Hundekinder,
Kälber neugebor'ne Rinder,
und die Kleinen von den Pferden
nennt man Fohlen hier auf Erden.

Bulle oder Ochse

Der Bulle kann begatten,
beim Ochs' geht nichts vonstatten.

Bei dem Bullen handelt es sich um das geschlechtsreife männliche Rind. Der Ochse ist dagegen kastriert und deswegen nicht mehr zeugungsfähig.

Familie der Rehe

Die Frau des Rehbocks, Mama Ricke,
lässt nie das Kitz aus ihrem Blicke,

In der Jägersprache heißt das weibliche Tier Ricke, das männliche Rehbock und das Jungtier Kitz.

Familie Wildschwein

Bei Familie Wildschwein haben alle Mitglieder andere Bezeichnungen als bei den Hausschweinen – einfach zu merken mit folgendem Spruch:

Frische Kinder, Mutter Bache,
Vater Keiler oder Schwein –

können nur die Borstentiere
von Familie Schwarzwild sein.

Frische Kinder:	Frischlinge
Bache (Sau):	Mutterschwein
Keiler (Schwein):	Vaterschwein
Schwarzwild:	Wildschweine

Die Forelle

Rund wie die Walze
und spitz wie ein Pfeil,
mit seitlichen Flecken
und schwer zu entdecken,
im Bache blitzeschnelle:
Das ist die Forelle

Fettlösliche Vitamine

Es gibt zwei Gruppen von Vitaminen: wasserlösliche und fettlösliche. Wasserlösliche Vitamine (Vitamin C und alle B-Vitamine) verteilen sich in allen wasserhaltigen Bereichen des Körpers, zum Beispiel im Blut oder in den Zellzwischenräumen. Sie werden im Körper kaum gespeichert – ein Zuviel wird wieder ausgeschieden. Die vier fettlöslichen Vitamine E, D, K und A dagegen können im Körper gespeichert werden. Nimmt man zu viel auf, kann sich ein gesundheitsschädlicher Überschuss bilden. Mit nachfolgender Eselsbrücke hat man alle vier fettlöslichen Vitamine parat:

EDEKA

Eine andere Möglichkeit, sich die fettlöslichen Vitamine einzuprägen, ist folgende:

Auch dem FETT entkommt keiner.

Zellkernteilung

Die Zellkernteilung erfolgt in fünf aufeinanderfolgenden Schritten. Mit folgendem Merksatz kann man sich die Phase in der richtigen Reihenfolge einprägen, indem man jeweils die Anfangsbuchstaben der Wörter den jeweiligen Phasen zuordnet:

Ich protze mit allen Teilen.

1. **I**nterphase
2. **P**rophase
3. **M**etaphase
4. **A**naphase
5. **T**elophase

Chemie
— oder „Erst das Wasser, dann die Säure …"

Wenn man an den Chemieunterricht zurückdenkt, kommen einem zunächst drei Dinge ganz spontan in den Sinn: unangenehme Gerüche, überlaufende Reagenzgläser und seltsame Abkürzungen. Ganz harmlos ist das Experimentieren in diesem Fachgebiet nicht, deshalb ist man gut beraten, die richtigen Wissensbrücken zu bauen, damit nichts schiefgeht.

Wasser und Säure

Bei dem Verdünnen von Säure ist absolute Vorsicht geboten, denn die Reihenfolge ist entscheidend: Schüttet man Säure (langsam!) ins Wasser, wird die Säure verdünnt und es entsteht eine ungefährliche, wenn auch heiße Lösung. Macht man es aber umgekehrt, führt das zu einer heftigen Reaktion: Die Säure spritzt aus dem Gefäß und es kann zu Verletzungen kommen. Diese Eselsbrücke also unbedingt einprägen, wenn es ans Experimentieren geht:

> Erst das Wasser, dann die Säure,
> sonst geschieht das Ungeheure.

Periodensystem — die wichtigsten chemischen Elemente

Das komplexe Periodensystem ist eine Herausforderung für alle Schüler. Wie soll man sich auch all die chemischen Elemente merken? Folgendes Kunstwort hilft weiter, wenn man auf die fünf wichtigsten Elemente zurückgreifen will:

HONCS

H = Wasserstoff
O = Sauerstoff
N = Stickstoff
C = Kohlenstoff
S = Schwefel

Wenn man sich mehr Elemente des Periodensystems merken will, muss man auf eine etwas kompliziertere Eselsbrücke zurückgreifen:

Hurra, hier liegen bündelweise Banknoten.
Comisch, nie ohne falsche Nummer.
Natürlich mögen alle solche Papiere sehen,
cleverer Angeber!

Nimmt man die jeweiligen Anfangsbuchstaben der Wörter, erhält man folgende 18 chemische Elemente:

H	= Wasserstoff
He	= Helium
Li	= Lithium
Be	= Beryllium
B	= Bor
C	= Kohlenstoff
N	= Stickstoff
O	= Sauerstoff
F	= Fluor
Ne	= Neon
Na	= Natrium
Mg	= Magnesium
Al	= Aluminium
Si	= Silicium
P	= Phosphor
S	= Schwefel
Cl	= Chlor
Ar	= Argon

Element Zinn

Zinn ist ein silberweiß glänzendes und sehr weiches Schwermetall, das unter der Bezeichnung Sn (lat. stannum) im Periodensystem zu finden ist. Bei Stanniolpapier handelt es sich um eine dünne Zinnfolie, die früher als Verpackungsmaterial diente. Heute nimmt die billiger zu verarbeitende Aluminiumfolie ihren Platz ein.

> **Sn** steht für Zinn
> und weist auf **Stanniolpapierchen** hin.

Bestandteile von Messing

Die beiden **K**s in Zin**k** und **K**upfer verdeutlichen, dass beide Metalle zusammengehören, um die Kupferlegierung Messing zu erhalten. Zink und Zinn sind leicht zu verwechseln, aber die Vermischung von Zinn und Kupfer führt zu einem anderen Ergebnis, nämlich zu Bronze.

> Zin[k + K]upfer = Messing
>
> Zinn + Kupfer = Bronze

Unterschied Säure und Base

Der blauviolette Farbstoff „Lackmus" besitzt die wunderbare Eigenschaft, seine Farbe zu verändern, wenn er mit sauren oder basischen Stoffen in Berührung kommt. Deswegen dient er in der Chemie als Säure-Base-Indikator. Färbt sich die wässrige Lösung rot, handelt es sich um eine Säure, wird sie blau, handelt es sich um eine Base.

> **Säuren** röten – **Basen** bläuen.

Oxidation

Eine Oxidation ist die Reaktion eines Stoffes mit Sauerstoff, dabei entstehen so-genannte Oxide. Dieser einfache Oxidationsbegriff geht zurück auf den französi-schen Chemiker Antoine Laurent de Lavoisier (1743–1794). Rost ist also die Fol-ge, wenn in unserem Fall Eisen mit Sauerstoff reagiert. Gut, dass in Rost auch ein „o" vorkommt, wie in **O**xidation!

Wer rostet, oxidiert.

Formel für Wasser

Der Rat ist natürlich nicht ernst zu nehmen, dafür vergisst man die Formel ganz gewiss nicht mehr:

**Wirst du des Lebens nicht mehr froh –
dann stürze dich in H_2O.**

Formel für Alkohol

Diese Eselsbrücke muss man rückwärts lesen, um die richtige Formel für Alko-hol zu erhalten: C_2H_5OH

Herr Ober, 5 Helle, 2 Cognac!

Formel für Schwefelsäure

Lieber nicht ausprobieren, sondern nur merken:

**Liebst du nicht Wein, Weib, Gesang und Bier –
dann trinke H_2SO_4!**

n-Alkane

Bei den Alkanen handelt es sich um einfache Kohlenstoff-/Wasserstoffverbindungen. Als n-Alkane werden die unverzweigten Verbindungen bezeichnet. Will man sich die ersten vier n-Alkane „Methan, Ethan, Propan, Butan" einprägen, gibt es folgende Eselsbrücke:

Mein Esel pisst Bier.

Zuckerarten

Es gibt viele Zuckerarten, die entsprechend der Anzahl ihrer Kohlenstoffatome in weitere Untergruppen unterteilt werden. Pentosen nennt man zum Beispiel Zuckermoleküle, die sich aus fünf Kohlenstoffatomen zusammensetzen. Mit folgender, etwas verrückt klingender Eselsbrücke hat man die vier Zuckerarten schnell parat:

Reiche Araber xylofonieren leise.

R	= Ribose
Ara	= Arabose
Xylo	= Xylose
L	= Lyxose

Hexosen sind Zuckerarten mit sechs Kohlenstoffatomen. Auch für diesen schweren Fall gibt es eine tolle Merkhilfe:

Alle alten Glucken möchten gut im Garten tanzen.

Allose	Gulose
Altose	Idose
Glucose	Galaktose
Mannose	Talose

Glucose Konfiguration

Die Anordnung der OH-Gruppen am Kohlenstoffgerüst unterscheidet die Zuckerarten voneinander. Bei der D-Glucose – hier handelt es sich schlicht und einfach um Traubenzucker – sind die OH-Gruppen so platziert, dass man sie als Martinshornsignal „Ta-Tü-Ta-Ta" veranschaulichen kann. Bei der D-Galactose wirkt die Anordnung der OH-Gruppen wie die Form eines Blaulichts.

D-Glucose   D-Galactose

Elemente der Erdkruste

Chemie-Professoren fühlen sich bestimmt nicht persönlich angegriffen, wenn sie folgenden Spruch hören. Handelt es sich doch um eine beliebte Eselsbrücke ihrer Studenten. Auf diese Weise lassen sich die häufigsten Elemente der Erdkruste bestimmen.

Oh, Sie altes Ferkel!

Und hier die Auflösung: **O** = Sauerstoff, **Si** = Silicium, **Al** = Aluminium und **Fe** = Ferrum (Eisen). Das Beste ist, dass die Reihenfolge der prozentualen Verteilung der chemischen Elemente entspricht, denn Sauerstoff stellt mit fast 50 Prozent den größten Anteil, danach folgt mit knapp 30 Prozent Silicium. Aluminium und Eisen liegen bei unter 10 Prozent.

Geografie
– oder „Nie ohne Seife waschen!"

Norden – Osten – Süden – Westen: Es ist nicht immer einfach, die Orientierung zu behalten. Aber auskennen sollte man sich schon in seinem Lebensumfeld und insgesamt auch auf dem Planeten, den man bewohnt. Der Philosoph Immanuel Kant sprach im Jahr 1802 der Geografie ebenfalls eine große Bedeutung zu, indem er sagte: „Nichts ist fähiger, den menschlichen Verstand mehr aufzuhellen, als gerade die Geografie." Also erkunden wir unsere Umgebung und halten uns an die richtigen Merksprüche, damit die interessanten Informationen nicht so schnell in Vergessenheit geraten.

Die vier Himmelsrichtungen

Wie oft stand man während der Abfrage in Erdkunde vor einer riesigen Karte und wusste auf einmal nicht mehr, wo das Land oder der Ort lag, den man zeigen sollte. Auch die Hilfestellung „Suche im Osten …" war gut gemeint, nur da hätte man wissen müssen, wo Osten überhaupt liegt. Wie gut, dass es eine wunderbare Eselsbrücke für diesen Fall gibt. So klappt es auf jeden Fall mit der Orientierung.

Nie ohne Seife waschen!

Die Himmelsrichtungen **N**orden – **O**sten – **S**üden – **W**esten erschließen sich aus den Anfangsbuchstaben der Wörter, wenn man im Uhrzeigersinn vorgeht und oben auf der Karte beginnt.

Man kann sich aber auch das Wort „WO" merken, dann hat man schon einmal die waagerechte Achse. Zudem gibt es noch eine letzte Alternative in Reimform:

Norden, Osten, Süden, Westen –
meine Uhr, die geht am besten!

Entstehung der Donau

Die Donau ist mit über 2800 km Länge nach der Wolga der zweitgrößte Fluss Europas. Sie durchfließt auf ihrem Weg zum Schwarzen Meer insgesamt zehn Länder, so viele wie kein anderer Fluss. Die Donau entsteht aus dem Zusammenfluss der beiden Schwarzwaldflüsschen Brigach und Breg bei Donaueschingen.

Brigach und Breg
bringen die Donau zuweg'.

Nebenflüsse der Donau

Um die sieben Nebenflüsse der Donau in Deutschland benennen zu können, benötigt man eine kleine Gedankenstütze. Folgende Eselsbrücke teilt sogar genau auf, in welcher Richtung – von der Donau aus gesehen – sich die Nebenflüsse befinden:

Iller, Lech, Isar, Inn
fließen rechts zur Donau hin,
Altmühl, Naab und Regen
kommen links entgegen.

Wobei mit der rechten Seite südlich des Flusses und der entgegengesetzten Richtung nördlich gemeint ist, wenn man sich auf die Fließrichtung des Flusses bezieht.

Die Drei-Flüsse-Stadt Passau

In Passau münden die drei Flüsse Inn, Ilz und die Donau, weswegen die Stadt auch Drei-Flüsse-Stadt genannt wird.

Inn vom Süden, Ilz von Nord,
treffen sich am gleichen Ort.
Mit der Donau geht's bergab,
bis zum Schwarzen Meer hinab.

Entstehung der Weser

Die beiden Quellflüsse Werra und Fulda vereinen sich in Hannoversch-Münden zur Weser. Sie fließt in Richtung Nordwesten bis Bremerhaven und mündet dort in die Nordsee:

Wenn Werra und Fulda sich küssen
und ihren Namen büßen müssen,
entsteht durch diesen Kuss
ganz nebenbei der Weserfluss.

Ostfriesische Inseln

Mit dieser Eselsbrücke werden die größten ostfriesischen Inseln von Ost nach West aufgezählt: **W**angerooge, **S**piekeroog, **L**angeoog, **B**altrum, **N**orderney, **J**uist und **B**orkum.

Welcher Seemann liegt bis neun im Bett?

Westfriesische Inseln

Die westfriesischen Inseln gehören bereits zu den Niederlanden, obwohl Schiermonikoog und Ameland ganz nahe an der deutschen Grenze liegen. Texel ist mit 22 Kilometern Länge die größte und westlichste der westfriesischen Inseln. Mit folgender Eselsbrücke hat man die Namen der Inseln gleich parat, und zwar entsprechend ihrer Lage von Ost nach West. Das Wechseln in Gulden hat sich natürlich erübrigt, da die Niederländer auch mit dem Euro bezahlen:

Schiermonnikoog und Ameland,
am dichtesten am deutschen Strand.
Terschelling, Vlieland, dann in Texel,
spätestens da in Gulden wechsel.

Die höchsten Berge

Zugi – Glocki – Monti – Evi

Zugi Die Zugspitze ist mit 2.962 Metern der höchste Berg Deutschlands.

Glocki Der Großglockner ist mit 3.798 Metern Österreichs höchster Berg.

Monti Der Mont Blanc liegt zwischen Frankreich und Italien und ist mit 4.810 Metern Europas höchster Berg.

Evi Der Mount Everest befindet sich im Himalaya-Gebirge und ist mit seinen 8.848 Metern der höchste Berg der Welt.

Eiszeiten im Alpenraum

Im Alpenraum unterscheidet man insgesamt vier Eiszeiten, die nach den Nebenflüssen der Donau und Isar benannt wurden, nämlich Günz-, Mindel-, Riss- und Würmeiszeit.

Mit folgendem ungewöhnlichen Satz merkt's sich leichter:

Günstig mindern Risse Würmer.

Mittelamerika in Kurzform

Folgendes Kunstwort besteht aus den ersten beiden Anfangsbuchstaben der Staaten Mittelamerikas, die auf der mittelamerikanischen Landbrücke liegen:

MEGUSABE HONICOPA

ME:	Mexiko
GU:	Guatemala
SA:	(El) Salvador
BE:	Belize
HO:	Honduras
NI:	Nicaragua
CO:	Costa Rica
PA:	Panama

Seen in den USA und Kanada

Die fünf größten Seen im Grenzgebiet zwischen den USA und Kanada merkt man sich mit diesem Spruch:

Oberkellner Michaels hurtiger, ehrlicher Onkel.

Ober	= Oberer See
Mich	= Michigansee
hur	= Huronsee
ehr	= Eriesee
on	= Ontariosee

Wahrzeichen von Rio de Janeiro

Der Zuckerhut ist ein 395 Meter hoher, steil aufragender Granitfelsen und gilt als Wahrzeichen von Rio de Janeiro:

Steht Rio gut, der Zuckerhut!

Japans Hauptinseln

Die vier größten Hauptinseln Japans erhält man mit folgender Eselsbrücke:

Honny der Kiebitz
fährt Ski nur in Hocke.

Honny   = Honshu
Kiebitz   = Kyushu
Ski = Shikoku
Hocke   = Hokkaido

Geografische Umrisse

Die geografischen Umrisse von Ländern kann man sich am besten merken, wenn man sie mit bekannten Formen vergleicht. Diese visuellen Eselsbrücken haben sich so stark bei uns eingeprägt, dass sie aus unserem Sprachgebrauch gar nicht mehr wegzudenken sind. Den Stiefel Italiens kennt schon jedes Kind! Oder die Landesform von Frankreich gleicht einem Sechseck, darum nennen nicht nur ihre Bewohner ihre Heimat auch Hexagon. Die Iberische Halbinsel sieht aus wie ein großer Kopf, dessen Gesicht (Portugal) nach Westen blickt und Skandinavien gleicht einem Hund.

Geologie
— oder „Stalagmiten versus Stalaktiten"

Die Geologie ist ein spannendes Fachgebiet und beschäftigt sich mit dem Aufbau, der Zusammensetzung und Struktur der Erde. Vor allem die Entwicklungsgeschichte der Erde kann anhand der verschiedenen Gesteinsschichten erforscht werden. Leider gibt es nur wenige Merksprüche in diesem speziellen Bereich, aber dafür sind diese umso interessanter.

Stalagmiten oder Stalaktiten?

In Höhlen trifft man auf diese bizarren Gesteinsformationen, die aus Kalkablagerungen entstanden sind. Man unterscheidet zwei Arten: Diejenigen, die von der Decke nach unten hängen (Stalaktiten) und die, die von unten nach oben „wachsen" (Stalagmiten). Damit es künftig keine Verunsicherung mehr gibt, welche nun wie zu bezeichnen sind, helfen folgende Eselsbrücken weiter:

> Stalagmiten stehen auf dem Untergrund.
> Stalaktiten hängen von der Decke.
>
> Stalaktiten wachsen in die Tiefe.

Bei dieser Eselsbrücke kann der Buchstabe **T** bildlich als Stalaktit betrachtet werden: Der waagrechte Strich ist die Höhlendecke, von der er hinunterhängt. Bei dem Wort „Stalagmit" funktioniert diese Vorstellungsweise auch mit dem „**M**": Es steht sozusagen auf dem Boden und die Zacken ragen in die Höhe. Übrigens, Stalagnat nennt man das ganze Gebilde, wenn ein Stalaktit und ein Stalagmit wie eine Säule zusammengewachsen sind.

Granit und seine Bestandteile

Granit ist das häufigste Gestein unserer Erdkruste. Aufgrund seiner hohen Widerstandsfähigkeit wird es gern beim Straßen- und Hausbau verwendet. Granit besteht aus drei Hauptbestandteilen:

> Feldspat, Quarz und Glimmer,
> die drei vergess ich nimmer!

Die Erdzeitalter

Das Erdzeitalter wird in der Geologie in verschiedene Untereinheiten – den Äonen – eingeteilt. Auch wenn die Erde vor 4,56 Milliarden Jahre entstanden ist, lassen sich die verschiedenen Gesteinsschichten erst ab dem Paläozoikum detailliert untersuchen. Es beginnt vor 542 Millionen Jahren mit dem Kambrium. Aus den Schichten, die älter sind als das Kambrium, sind nur sehr wenige Fossilien bekannt geworden. Der gesamte Zeitraum von der Entstehung der Erde bis zur Entwicklung der Tierwelt im Kambrium wird auch als Präkambrium bezeichnet.

Der größte Teil der verschiedenen Gesteinsschichten des Paläozoikums lassen sich mit folgender Eselsbrücke sogar in der richtigen Reihenfolge ablesen:

Kann sich doch kein Pennäler merken!

Kambrium   vor 541,0 bis 485,4 Millionen Jahren
Ordovizium   vor 485,4 bis 443,4 Millionen Jahren
Silur   vor 443,4 bis 419,2 Millionen Jahren
Devon   vor 419,2 bis 358,9 Millionen Jahren
Karbon   vor 358,9 bis 298,9 Millionen Jahren
Perm   vor 298,9 bis 252,2 Millionen Jahren

An der Wende von Perm zu Trias, welche zugleich auch das Paläozoikum vom Mesozoikum unterscheidet, fand das größte bekannte Massenaussterben der Erdgeschichte statt.

Geschichte
– oder „Drei – drei – drei – bei Issos Keilerei"

In keinem anderen Fach muss man so viele Jahreszahlen – ob nun vor oder nach Christus – auswendig wissen, um die wichtigen und einschneidenden Ereignisse unserer geschichtlichen Entwicklung parat zu haben. Schließlich ist es eine Frage der Orientierung, dass wir uns im Weltgeschehen zurechtfinden und unsere Wurzeln kennen. Damit die ganzen Zahlen und Fakten nicht durcheinander geraten, behelfen wir uns auf altbewährte Weise.

Ein Überblick

Viele Stationen hat die Geschichte des Universums und der Menschheit bisher durchlaufen. Und meistens hat die Zahl fünf in den einzelnen Entwicklungsschritten immer eine große Rolle gespielt. Um eine gewisse Orientierungshilfe zu erhalten, dient folgende Tabelle mit den wichtigsten Ereignissen:

vor 15 Mrd. Jahren	Entstehung des Universums („Big Bang")
vor 5 Mrd. Jahren	Entstehung unseres Sonnensystems
vor 5 Mill. Jahren	Vormenschen
vor 150.000 Jahren	Homo sapiens africanensis entdeckt Afrika für sich
vor 50.000 Jahren	Homo sapiens in Europa (Jetztmenschen)
vor 5.000 Jahren	Frühe Hochkulturen in Mesopotamien, am Nil und Indus
500 v. Chr.	Beginn der klassischen Antike in Griechenland
500 n. Chr.	Ende der Antike / Beginn des Mittelalters in Europa
1500 n. Chr.	Beginn der Neuzeit

Natürlich muss man „Fünfe gerade sein lassen", wie man am letzten Beispiel sieht: Kolumbus hat im Jahr 1492 Amerika entdeckt, aber der Näherungswert 1500 als Merkhilfe für das durch ihn eingeleitete neue Zeitalter ist auch in Ordnung.

Die sagenhafte Gründung Roms

Die italienische Haupstadt ist einer Sage zufolge im Jahr 753 v. Chr. von Romulus gegründet worden. Romulus und sein Zwillingsbruder Remus wurden kurz nach ihrer Geburt in einem Weidenkörbchen am Ufer des Tibers ausgesetzt und von einer Wölfin gesäugt. Der Hirte Faustulus fand die beiden am Velabrum unterhalb des Palatin – einem der sieben Hügel, auf denen Rom gebaut ist – und zog sie groß. Als sie erwachsen waren, wollten sie eine Stadt an der Stelle gründen, an der sie der Hirte einst gefunden hatte. Sie gerieten darüber in Streit, so dass Romulus seinen Bruder erschlug.

Mit dieser Eselsbrücke vergisst man das Gründungsdatum bestimmt nicht mehr:

> Sieben – fünf – drei
> Rom schlüpft aus dem Ei!

Der Untergang Ninives

Die altorientalische Stadt Ninive war die Hauptstadt des assyrischen Reiches und befand sich am Ufer des Tigris, heute im Irak gelegen. Zerstört wurde sie im Jahr 612 v. Chr. durch die Heere der Baylonier und Meder.

> Sechs – eins – zwei
> und mit Ninive war es vorbei!

Bei Issos Keilerei

Bei der Stadt Issos sind im Jahr 333 v. Chr. die beiden Kriegsherren Alexander der Große auf makedonischer und Darius III. auf persischer Seite zum ersten Mal direkt aufeinandergetroffen. Die Griechen/Makedonen wollten sich – so das offizielle Kriegsziel – mit ihrem Feldzug für die Zerstörungen rächen, die die Perser fast 150 Jahre zuvor in Griechenland, vor allem aber in Athen, verursacht hatten. Alexander strebte aber zudem offenkundig nach Ruhm und Eroberun-

gen. Alexanders Sieg war deswegen auch spektakulär, da die Perser zahlenmä-
ßig weit überlegen waren.

> Drei – drei – drei
> bei Issos Keilerei!

Antike griechische Staaten

Mit diesem Wort merkt man sich die vier wichtigsten Staaten der klassischen
Periode Griechenlands:

> S – K – A – T

> Es sind: **S**parta – **K**orinth – **A**then – **T**heben

Julius Caesar

Der große Gaius Julius Caesar erblickte am 13. Juli 100 v. Chr. das Licht der Welt.

> **Vor Christus die Hundert,**
> **klein Caesar wird bewundert**

Er wurde zum großen römischen Staatsmann, Feldherrn und Autor. Caesar er-
oberte Gallien und führte im anschließenden Bürgerkrieg das Ende der römischen Republik herbei, indem er sich zum Alleinherrscher ausrief. Nach seiner
Ernennung zum Diktator auf Lebenszeit fiel er einem hinterhältigen Attentat
zum Opfer, an dem auch sein Adoptivsohn Brutus beteiligt war. Daher stammt
der berühmte Ausruf: „… et tu fili!" – auch Du mein Sohn! Und so fand Caesar
sein gewaltsames Ende am 15. März 44:

> **Brutus packten Neid und Gier**
> **im Iden Märzen vierzig vier.**

Armin der Cherusker

Cheruskerfürst Arminius besaß die Ritterwürde und das römische Bürgerrecht. Er wurde Gegner des kaiserlichen Legaten Publius Quinctilius Varus und organisierte Widerstand. Ein römisches Heer mit 20.000 Mann ließ dabei sein Leben im Teutoburger Wald. „Varus, gib mir meine Legionen wieder!" soll der verzweifelte Ausruf von Kaiser Augustus Oktavian gewesen sein, als er von der verheerenden Niederlage seiner Streitkräfte erfuhr. Varus nahm sich das Leben und die Römer mussten die rechtsrheinischen Gebiete Germaniens aufgeben.

> Armin schlug den Varus richtig –
> neun nach Christus, das ist wichtig.

Krönung Karls des Großen

Am 25. Dezember 800 wurde der Frankenkönig Karl der Große von Papst Leo III. in Rom zum römischen Kaiser gekrönt.

> Acht – null – null,
> Karl steigt auf den Stuhl!

Christoph Kolumbus

Nicht nur die Idee mit dem Ei war grandios, sondern auch seine Beharrlichkeit zahlte sich schließlich aus, als Christoph Kolumbus im Jahr 1492 mit seinen Schiffen Amerika entdeckte:

> Acht vor fünzehnhundert
> Kolumbus wird bewundert.

Der Dreißigjährige Krieg

Im Jahr 1618 begann der Dreißigjährige Krieg, ein Religions- und Staatenkonflikt, der auf deutschem Boden ausgetragen wurde. Er endete im Jahr 1648 mit dem Westfälischen Frieden.

> Sechzehnhundert eins und acht:
> Der Dreißigjährige Krieg erwacht!

Daten des 18. Jahrhunderts

Die Geburtsdaten dieser vier Persönlichkeiten lassen sich aufgrund der Zehnerschritte leicht einprägen. Außerdem haben alle Jahresangaben eine „9" am Schluss – also leichter geht's nicht!

> 1729 Lessing
> 1749 Goethe
> 1759 Schiller
> 1769 Napoleon

Die Französische Revolution

Die Franzosen waren das erste Volk, das die Herrschaft der Adligen abschaffte. Die Revolution markiert den Übergang von der frühen Neuzeit zur Moderne und stellt eine der wichtigsten Zäsuren in der europäischen Geschichte dar. Im Jahr 1789 begann die Französische Revolution, in deren Verlauf Ludwig XVI. und seine Frau Marie-Antoinette auf der Guillotine hingerichtet wurden.

> Eins – sieben – acht – neun:
> Frankreich kann sich freuen!

Wer etwas Verständnis für den hingerichteten König aufbringt, kann auch diese Eselsbrücke verwenden:

> Eins – sieben – acht – neun:
> Ludwig möge uns verzeih'n!

Napoleons letzte Etappen

Napoleon Bonaparte wurde im Jahr 1769 auf Korsika geboren. Er machte eine Ausnahmekarriere als Feldherr, und es gelang ihm innerhalb kürzester Zeit, fast ganz Europa unter seine Kontrolle zu bringen. Sein Abgang ist aber eher tragisch: Wie die letzten Etappen seines Lebens verlaufen sind, zeigt folgende Merkhilfe:

> Elba, Rückkehr, Waterloo,
> Helena bis Ultimo.

Nach seiner Wiederkehr von der Insel Elba und der vernichtenden Niederlage in der Schlacht von Waterloo wurde Napoleon auf die Insel Helena verbannt und starb dort einsam und verbittert im Jahr 1821.

Gründung der Schweiz

1291 schloss sich die Schweizer Eidgenossenschaft zusammen:

> Zwölf – neun – eins:
> Gegründet wird die Schweiz.

Die Wiedervereinigung

Im Jahr 1990 kam es zur Wiedervereinigung des geteilten Deutschlands:

> Nach fünfundvierzig gab's zwei Staaten,
> die neunzig sich zusammentaten.

Bundeskanzler der BRD

Es gehört sozusagen zur Allgemeinbildung, die verschiedenen Bundeskanzler der BRD von ihrer Gründung im Jahr 1949 bis heute zu wissen. Am besten natürlich in der richtigen Reihenfolge. Das sollte mit dieser Eselsbrücke ab sofort kein Problem mehr sein:

Alle ehemaligen Kanzler bringen samstags keine Semmeln mit.

Und hier die harten Daten und Fakten:

Konrad **A**denauer	1949–1963
Ludwig **E**rhard	1963–1966
Kurt Georg **K**iesinger	1966–1969
Willy **B**randt	1969–1974
Helmut **S**chmidt	1974–1982
Helmut **K**ohl	1982–1998
Gerhard **S**chröder	1998–2005
Angela **M**erkel	seit 2005

Mathematik
– oder „Differenzen und Summen ..."

Bei der Mathematik handelt es sich um eine der ältesten Wissenschaften, die aber auch am erklärungsbedürftigsten ist. Wenn man die Zusammenhänge und Vorgehensweisen einmal verstanden hat, ist das schon die halbe Miete auf dem Weg zur richtigen Lösung. Denn eigentlich ist alles ganz logisch ... Deshalb braucht man entweder einen guten und engagierten Lehrer des Vertrauens oder aber die richtigen Eselsbrücken für ein besseres Verständnis – am besten natürlich beides. Vielleicht löst sich bei der Lektüre der unterschiedlichen Merksprüche bei dem einen oder anderen der dicke „Verständnisknoten" und alles ist plötzlich ganz einfach.

Die Qual mit den Brüchen

Mit den Brüchen ist das so eine Sache. Im Grunde sieht es schlimmer aus, als es tatsächlich ist, handelt es sich doch lediglich um eine Division: Die Zahl über dem Bruchstrich heißt Zähler und wird durch die untere Zahl im Nenner geteilt. Praktischerweise kann in einem Bruch auch gekürzt werden frei nach dem Motto: „Wer nicht kürzt zur rechten Zeit, muss rechnen bis in Ewigkeit!" Allerdings will das Kürzen gelernt sein, und das absolute Verbot lautet: Niemals eine Differenz oder Summe kürzen – wir sind doch nicht dumm!

Differenzen und Summen
kürzen nur die Dummen!

falsch: richtig:

$$\frac{a^2 + \cancel{a}b}{\cancel{a}} \qquad \frac{\cancel{a}\,(a + b)}{\cancel{a}}$$

Außerdem ist es mathematisch unmöglich, eine Zahl durch Null zu teilen, deswegen darf diese im Nenner nie stehen!

> **Durch Null teile nie,**
> **das bricht dir das Knie!**

Das Rechnen mit Brüchen gestaltet sich meist dann als schwierig, wenn man einen Bruch durch den anderen teilen soll. Die Rechenregel hierzu lautet: Zwei Brüche werden dividiert, indem man den ersten Bruch mit dem Kehrwert des zweiten Bruches multipliziert. Das klingt etwas verwirrend, ist aber – vereinfacht dargestellt – gar kein Problem:

> **Bereitet dir das Dividieren Qual,**
> **so spricht der Bruch:**
> **Dreh mich um und nimm mich mal!**

Wurzelziehen oder Radizieren

Die Fachausdrücke klingen meistens schlimm, aber wer im Kapitel „Latein" aufgepasst hat, weiß schon, dass im Lateinischen die Wurzel *radix* heißt und genau daher stammt auch der Begriff „Radizieren". Es handelt sich um die Umkehrung des Potenzierens. Man will also an den Ursprung einer Zahl oder Variablen zurück. Wie bei den Brüchen darf aus einer Summe oder Differenz keine Wurzel gezogen werden, denn das führt zu einem falschen Ergebnis.

> **Differenzen und Summen**
> **radizieren nur die Dummen!**

Die KLAPS-Regel

Die Rechenregel „Punkt vor Strich" stößt an ihre Grenzen, wenn auch noch Klammerausdrücke gerechnet werden müssen. Die Frage der Priorisierung beantwortet auf jeden Fall ein Merkspruch oder die KLAPS-Regel:

Punktrechnung vor Strichrechnung geht,
die Klammer über allen steht.

KLAmmer – Punkt – Strich

Berechnung einer Kugel

Diese Eselsbrücke vereint gleich zwei unterschiedliche Formeln, um sowohl das Volumen, also das Innere einer Kugel, als auch deren Oberfläche zu berechnen.

Innen hat die Kugelei
$\frac{4}{3}\pi$ mal r hoch drei.
Und was sie auf dem Leibe hat
ist vier mal π mal r Quadrat.

$V = \frac{4}{3}\pi r^3$

$O = 4\pi r^2$

Berechnung eines Kreises

Ein bisschen abgewandelt funktioniert der Merkspruch auch für die Kreisfläche (πr^2) und den Kreisumfang ($2\pi r^2$):

Innen hat die Kreiselei
einmal π mal r hoch zwei.
Und der Umfang von dem Kreis
ist zwei mal π mal r hoch eins.

Und / oder

Welches Zeichen bedeutet nun eigentlich was? Eine kleine Gedächtnisstütze stellt dies ein für allemal klar:

$\vee$ = ist **o**ben offen und erinnert an das Wort „**o**der"
$\wedge$ = ist **u**nten offen und erinnert an das Wort „**u**nd".

Schnittmenge und Vereinigungsmenge

Um die richtige Unterscheidung zwischen den Zeichen für Vereinigungsmenge und für Schnittmenge zu treffen, macht es gleichermaßen Sinn, sich die Zeichen durch einen kleinen Kniff besser zu veranschaulichen:

$\cup$ → Kann man sich als Gefäß vorstellen,
in das sich etwas hineinschütten und somit vereinigen lässt

$\cap$ → Ist wie ein umgedrehtes Gefäß, in dem das nicht möglich ist.

Richtig große Zahlen

Je größer eine Zahl wird, umso schwieriger, sich nicht um ein paar Nullen zu verrechnen. Dieses Sprüchlein dient der besseren Orientierung:

Der Nullen sechs hat die Million,
mit neun glänzt die Milliarde schon,
es folgt mit zwölf ihr die Billion,
zuletzt mit achtzehn die Trillion.

Strecke, Strahl und Gerade

Bei den Strecken, Strahlen und Geraden handelt es sich um drei wichtige geometrische Grundbegriffe für Linien. Während die Strecke eindeutig am Anfang und Ende durch Punkte begrenzt ist, hat der Strahl nur an einer von beiden Seiten eine Fixierung. Die Gerade kommt völlig ohne Begrenzungspunkte aus. Diese kleinen Unterschiede werden so ganz einfach hervorgehoben:

Zwei Punkte begrenzen die Strecken,
die Strahlen sind einmal fixiert,
wo unbegrenzte Linien sich recken,
sind sie als Gerade definiert.

Wichtige Mengeneinheiten

Wer sich die griechischen und lateinischen Vorsilben in der passenden Reihenfolge einprägt, kennt die gebräuchlichsten Mengeneinheiten:

Deka – Hekto – Kilo

Deka: (gr.) deka bedeutet 10, das Zehnfache
Hekto: (gr.) hekaton bedeutet 100, das Hundertfache
Kilo: (gr.) chilioi bedeutet 1.000, das Tausendfache

Dezi – Centi – Milli

Dezi: (lat.) decem bedeutet 10, den zehnten Teil
Centi: (lat.) centum bedeutet 100, den 100. Teil
Milli: (lat.) mille bedeutet 1.000, den 1.000. Teil

Ar / Hektar

Ein Ar entspricht genau 100 m², ein Hektar ist das Hundertfache, nämlich 10.000 m².

Hundert m² sind ein Ar,
zehntausend m² ein Hektar.

Der Thaleskreis

Der antike griechische Philosoph, Mathematiker und Astronom Thales von Milet (624 v. Chr. – ca. 547 v. Chr.) hat einen Lehrsatz herausgefunden, der zu den Grundregeln der Geometrie gehört. Er lautet ungefähr so: „In allen rechtwinkligen Dreiecken liegt der Scheitelpunkt des rechten Winkels auf dem Halbkreis über der Hypotenuse." Oder einfacher formuliert:

Alle Winkel in einem Halbkreis sind rechte Winkel.

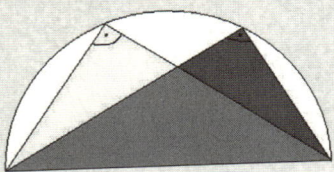

Egal welchen Punkt man auf dem Halbkreis als dritten Punkt wählt, es entsteht immer ein rechtwinkliges Dreieck.

Tetraeder und Oktaeder

Manchmal muss man sich schon mit seltsamen Bezeichnungen abgeben, wie zum Beispiel dem Tetra- oder Oktaeder. Wenn man auf die griechische Bezeichnung zurückgeht und man schließlich weiß, dass *tetra* „vier" und *okta* „acht" bedeutet, kommt schon wieder etwas mehr Licht ins Dunkel: Ein Tetraeder besteht aus vier gleichseitigen Dreiecken und ergibt eine Pyramide, während ein Oktaeder aus acht Dreiecken besteht. Er verdoppelt die Pyramide, so dass sie an der Grundfläche miteinander verbunden sind.

Das Vierflach ist ein Tetraeder,
das Achtflach nennt man Oktaeder.

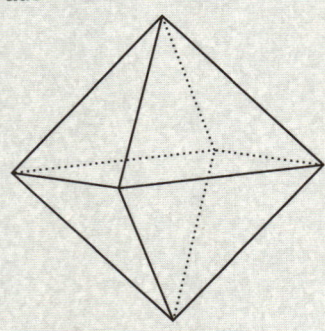

Physik
— oder „Volt, Watt, Ampere und Ohm ..."

Naturphänomene zu entdecken und Gesetzmäßigkeiten zu erforschen, sind eigentlich ganz spannende Dinge. Vor allem das Experimentieren ist immer das Highlight des Physikunterrichts. Ganz so lustig geht es dann aber nicht mehr zu, wenn es gilt, das Erlebte in diverse Formeln und Berechnungen zu packen. Aber dafür gibt es ja unsere bewährten Helfer.

Elektrischer Strom

Ohne Strom geht heutzutage gar nichts mehr. Wie wichtig er ist, stellt man jedoch erst fest, wenn er einmal ausfällt. Über die Grundbegriffe der Elektrizität klärt uns folgender Spruch auf:

> Volt, Watt, Ampere, Ohm:
> ohne uns gibt's keinen Strom.

Um die elektrische Leistung (P) berechnen zu können, benötigt man die Spannung (U) und die Stromstärke (I), wobei die Spannung in Volt und die Stromstärke in Ampere gemessen wird. Wenn man dies weiß, hilft einem diese Eselsbrücke weiter:

> Volt mal Ampere,
> das ergibt in Watt,
> was der Strom geleistet hat.

Formel: $P = U \times I$

Ohmsches Gesetz

Der Physiker Georg Simon Ohm hat den Zusammenhang zwischen Spannung, Strom und Widerstand festgestellt und nachgewiesen. Mit Hilfe des Ohmschen Gesetzes lassen sich die drei Grundgrößen eines Stromkreises berechnen, wenn mindestens zwei davon bekannt sind.

Die Formel lautet: Stromspannung (U) = Widerstand (R) x Stromstärke (I)
Man spricht deswegen auch vom sogenannten URI-Dreieck:

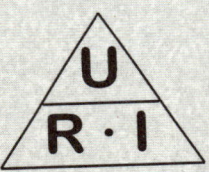

U-R-I heißt auch ein Schweizer Kanton und dient somit hervorragend als Esels-brücke für diese wichtige Formel.

Wenn man den Widerstand errechnen will, muss man die Formel entsprechend umstellen. Dann lautet sie: $R = \frac{U}{I}$ oder:

Spannung durch Strom gibt Ohm!

Schwerkraft

Auf dem Mond ist die Anziehungskraft oder Schwerkraft wesentlich geringer als auf der Erde. In welcher Verhältnismäßigkeit sie geringer ist, zeigt uns folgende Merkhilfe:

**Auf der Erde noch so schwer –
auf dem Mond nur'n Sechstel mehr.**

Konvex oder konkav?

Die Unterscheidung zwischen konvex oder konkav bereitet vielen Menschen Probleme: Konvex bedeutet „erhaben, nach außen gewölbt" und konkav ist das Gegenteil und bedeutet „hohl, nach innen gewölbt". Momentan weiß man es auch, aber im nächsten Augenblick ist man wieder verunsichert. Dem bereiten wir jetzt ein Ende, denn es gibt zahlreiche Sprüche, die die Begriffe nachhaltig im Gedächtnis abspeichern:

> Die Suppe steht im Löffel brav,
> diese Linse ist konkav.
> Dann macht es Klecks,
> also ist die Lins' konvex.
>
> Einen Buckel wie die Hex,
> die Linse ist konvex.

Schallgeschwindigkeit

Der Schall ist zwar enorm schnell, aber der Blitz ist schneller. Ein beliebter Zeitvertreib ist, die Entfernung eines Gewitters zu errechnen: Nach dem Blitz zählt man einfach die Sekunden, bis man den Donner hört und teilt die Zahl durch drei. Dann erhält man die ungefähre Kilometerangabe, wie weit das Gewitter entfernt ist. Etwa 340 Meter pro Sekunde schafft der Schall nämlich in der Luft, also ungefähr 1.000 Meter in drei Sekunden.

> Der Schall braucht Zeit, im Freien geht er
> in drei Sekunden tausend Meter.

Strömungsgesetz

Wer als Kind gerne Blätter und Stöcke in einen Bach geworfen hat, stellte bereits sehr früh fest, dass die Dinge Fahrt aufnehmen, wenn das Bachbett schmaler wird oder das Wasser durch eine enge Tunnelröhre muss. Genauso verhält es sich mit dem Strömungsgesetz:

> Je enger es wird,
> desto schneller will man hindurch.

Die Magnetpole

Magnetpole sind häufig farbig markiert, welcher Farbe welcher Pol zuzuordnen ist, klärt folgende Gedankenstütze:

> Norden ist rot
> Süden ist grün.

Das Atom

Um 500 v. Chr. hat der griechische Naturphilosoph Leukipp den Begriff Atom eingeführt. Das Atom wird vom griechischen Wort *atomos* abgeleitet und bedeutet „unteilbar". Wegen ihrer winzigen Größe können die Atome erst seit wenigen Jahrzehnten genauer untersucht werden und so hat sich herausgestellt, dass sie nicht unteilbar sind, sondern aus einer Anordnung von Neutronen, Protonen und Elektronen bestehen. Der Atomkern enthält positiv geladene Protonen, deren Anzahl die chemische Ordnungszahl des betreffenden Elements angibt, sowie eine Anzahl elektrisch neutraler Neutronen. In seiner Grundform hat das Atom in der Hülle genauso viele Elektronen wie Protonen im Kern und ist daher elektrisch neutral. Sind zusätzliche Elektronen vorhanden oder fehlen welche, ist das Atom geladen und wird genauer als Ion bezeichnet.

> Man merke, dass das Wort Atom
> nicht Schöpfung ist des alten Rom.
> Vielmehr im Griechischen erscheint,
> wo damit „unteilbar" ist gemeint.

Protonen und Elektronen unterscheiden sich hinsichtlich ihrer elektrischen Ladung:

> **Proton ist positiv.**
> **Elektron ist negativ.**

Der Ottomotor

Ende des 19. Jahrhunderts entwickelte Nikolaus August Otto den gleichnamigen Motor, der auch heute noch in den meisten Personenkraftwagen dafür sorgt, dass wir mobil sind. Die Funktionsweise des Motors sieht folgendermaßen aus: Das Benzin wird in mehreren Schritten – auch Takte genannt – verbrannt und in Energie um gesetzt. In welcher Reihenfolge das geschieht, zeigt uns diese Eselsbrücke:

> **Otto** denkt **ans Verdi**enen durch **Arbeit**
> und gutes **Aus**kommen.

> **Ans Verdi**enen durch **Arbeit**! Dann **Aus**spannen!

ANS	→ Ansaugtakt
VERDI	→ Verdichtungtakt
ARBEIT	→ Arbeitstakt
AUS	→ Auspufftakt

Aufgrund der vier Takte wird der Motor auch Viertaktmotor genannt.

Religion
— oder „Wer ist ELSA?"

Seien wir mal ehrlich: So richtig bibelfest sind wir nicht, obwohl man die Geschichten des Neuen Testaments natürlich kennt. Wo aber welche genau zu finden ist, wäre – so ganz spontan – ein schwieriges Unterfangen. In welcher Reihenfolge sind die vier Evangelisten angeordnet? Oder wie hießen gleich nochmal alle sieben Todsünden? Zum Glück gibt es auch zu religiösen Themen bewährte Eselsbrücken, die unserem Gedächtnis auf die Sprünge helfen.

Die vier Evangelisten

Der Begriff Evangelium kommt aus dem Altgriechischen *eu-angelion* und bedeutet „gute Nachricht" oder „frohe Botschaft". Mit der Überlieferung vom Leben und Wirken Christi haben sich die vier Evangelisten Matthäus, Markus, Lukas, und Johannes im Neuen Testament der Bibel beschäftigt. Um sich die Namen in der richtigen Reihenfolge, in der sie im Neuen Testament angeordnet sind, einzuprägen, hilft folgendes Kunstwort:

MAT-MAR-LU-JO

Matthäus – **Mar**kus – **Lu**kas – **Jo**hannes

Die vier Evangelisten werden in der christlichen Ikonografie seit dem 4. Jahrhundert durch vier geflügelte Symbole dargestellt. Diese Symbole finden sich auch als Attribute in figürlichen Darstellungen der Evangelisten:

Engel = Matthäus
Löwe = Markus
Stier = Lukas
Adler = Johannes

Reiht man die jeweiligen Anfangsbuchstaben aneinander ergibt sich das Wort: **ELSA**, das sich auch prima als kleine Gedankenstütze eignet, wenn man die Tiersymbole den richtigen Evangelisten zuordnen kann.

Die Paulusbriefe

Im Zeitraum von 48 bis 60 n. Chr. entstanden die berühmten Briefe des Apostel Paulus an die Römer, Korinther, Galater, Philipper und Philemon. Er galt als erster christlicher Theologe und stellte in seinen Briefen die Inhalte und Zusammenhänge des christlichen Glaubens dar. Ob er tatsächlich alle Briefe verfasst hat, ist bis heute unklar. Dennoch enthält diese bekannte Eselsbrücke alle Briefe des Apostel Paulus in der Reihenfolge, wie diese im Neuen Testament genannt werden:

> **Rokoko Galephphiko**
> **Thesthes Timtim**
> **Tit und Phil**

Ro	Der Brief an die Römer
ko	Der erste Brief an die Korinther
ko	Der zweite Brief an die Korinther
Gal	Der Brief an die Galater
eph	Brief an die Epheser
phi	Der Brief an die Philister
ko	Der Brief an die Kolosser
Thes	Der erste Brief an die Thessalonicher
thes	Der zweite Brief an die Thessalonicher
Tim	Der erste Brief an die Timotheus
tim	Der zweite Brief an die Timotheus
Tit	Der Brief an Titus
Phil	Der Brief an Philemon

Reihenfolge der Passionssonntage

Die Kirche begeht vor Ostern eine 40-tägige Fastenzeit. Gemeint sind die 40 Wochentage von Aschermittwoch bis Ostersonnabend. Die sechs Passionssonntage dazwischen sind Stationen auf dem Weg Christi nach Jerusalem zum Kreuz. In dieser Zeit sind Behänge an Kanzel und Altar violett, die Farbe der Besinnung und Umkehr. In der Liturgie entfallen das Halleluja und das Gloria. In früherer Zeit vermied man gar den Anblick der Festseite des Hochaltars, indem man seine Flügel schloss.

In Rechter Ordnung Lerne Jesu Passion.

Hier die Namen der Passionssonntage:
Invocavit, **R**eminiscere, **O**culi, **L**aetare, **J**udica, **Pa**lmarum

Die sieben Todsünden

In der katholischen Kirche werden mit dem Begriff „Todsünde" besonders schwerwiegende Sünden bezeichnet, die aus sieben schlechten Charaktereigenschaften entstehen. Es handelt sich um folgende:

Stolz (lat. superbia), Geiz (lat. avaritia), Neid (lat. invidia), Unmäßigkeit (lat. gula), Unzucht (lat. luxuria), Zorn (lat. ira), Trägheit (lat. acedia). Mit dem folgenden Kunstwort, das aus den jeweiligen Anfangsbuchstaben besteht, kann man sich gut behelfen:

Sto-Gei-Nei-Un-Un-Zo-Trä

Die drei heiligen Jungfrauen

Die heilige Barbara, Margareta und Katharina sind drei Märtyrerinnen, die aufgrund ihres christlichen Glaubens sterben mussten. Um sich die drei Nothelferinnen zu merken, ordnet folgende Eselsbrücke den Frauen die jeweiligen Attribute zu, mit denen sie in Verbindung gebracht werden: Barbara wurde während der Abwesenheit ihres Vaters zusammen mit einer Dienerin in einen

Turm eingesperrt und erfuhr dort von der christlichen Lehre. Margarete erschien im Gefängnis ein riesiger Drache (Lind**wurm**), der sie verschlingen wollte. Aber das Kreuzeichen, das sie schlug, rettete sie. Das Folterwerkzeug von Katharinas Martyrium sollte das Rad sein. Aber ein Engel erschien und zerstörte die grausame Maschine.

> **Barbara mit dem Turm,**
> **Margareta mit dem Wurm,**
> **Katharina mit dem Radl**
> **sind uns're drei heiligen Madl.**

Dreikönigsfest

C M B

Diese drei geheimnisvollen Initiale werden jedes Jahr am 6. Januar, dem Dreikönigstag von den Sternsingern über die Haustüre geschrieben. So manch einer verbindet damit die Namen der drei Weisen aus dem Morgenland, die in späterer Überlieferung zu Königen aufgewertet wurden, nämlich Caspar, Melchior und Balthasar. Doch eigentlich stehen die Anfangsbuchstaben für einen lateinischen Segensspruch, der übersetzt bedeutet: „Christus segne dieses Haus."

Christus **m**ansionem **b**enedicat.

Christliches Fischsymbol

Bereits im Urchristentum spielte das Fischsymbol eine große Rolle und war ein verbreitetes Bildmotiv der frühchristlichen Kunst sowie als Wandmalerei anzutreffen. Es diente als Erkennungssymbol der Anhänger der christlichen Lehre. Während das Symbol des Fisches nach der Zeit der Antike im Christentum kaum eine Rolle gespielt hat, wird es in den letzten Jahrzehnten wiederbelebt. Seit den 1970er Jahren sieht man es millionenfach auf diversen Fahrzeugen und anderen Gegenständen. Aber was hat es mit dem Fisch auf sich? Das Wort „Fisch" heißt auf griechisch „ICHTYS". Die einzelnen Buchstaben, aus denen das Wort besteht, enthalten das kurzgefasste christliche Glaubensbekenntnis: Jesus Christus ist Gottes Sohn und Erlöser.

Iēsous → Jesus
Christós → Christus, d. h. der Gesalbte
Theoú → Gottes
Hyiós → Sohn
Sōtér → Erlöser, Retter

Wirtschaft
— oder „Ist AIDA nur eine Oper?"

Das Wort „Wirtschaft" ist die deutsche Übersetzung des griechischen Wortes *oikonomos*. Daher stammt auch unser Begriff Ökonomie, den wir gleichbedeutend für den wirtschaftlichen Bereich verwenden. Im Grunde ging es darum, mit Einrichtungen und Handlungen die planvolle Deckung des menschlichen Bedarfs zu organisieren. Aber besonders zielgerichtet kann man das heute nicht mehr nennen. Um in die Materie grundlegend einzutauchen, gibt es auch in diesem Bereich ein paar wissenswerte Merksprüche, die sich mit wirtschaftlichen Dingen beschäftigen.

Die Faustregel des Verkaufens

Giuseppe Verdi (1813–1901) würde sich wahrscheinlich im Grabe umdrehen, wenn er wüsste, dass der Titel seine Oper AIDA zur Verkaufsstrategie umfunktioniert wurde. Das AIDA-Modell wird auf Elmo Lewis zurückgeführt, der es 1898 in einem Verkäufermarkt beschrieben hat. Das Stufenmodell enthält vier Phasen, welche der Kunde durchlaufen und letztlich zu dessen Kaufentscheidung führen sollen. Die vier Phasen werden als gleich wichtig angesehen, können sich allerdings überschneiden. Das Akronym **AIDA** setzt sich aus den Anfangsbuchstaben der einzelnen Phasen zusammen:

Attention Die Aufmerksamkeit des Kunden wird angeregt.

Interest Er interessiert sich für das Produkt. Das Interesse des Kunden wird erregt.

Desire Der Wunsch nach dem Produkt wird geweckt. Der Besitzwunsch wird ausgelöst.

Action Der Kunde kauft das Produkt (möglicherweise).

Verkaufstechnik oder die UVW-Formel

Welche Anforderungen an einen Verkäufer gestellt werden, verdeutlicht uns folgende **UVW**-Formel. Denn Verkaufen will schließlich gelernt sein!

Das U steht für das **U**nternehmen: Ein guter Verkäufer muss an die Ziele seines Unternehmens glauben und auch davon überzeugt sein.

Das V steht für das **V**erkaufen: Der Verkäufer muss an die von ihm gesetzten Ziele des Verkaufens glauben.

Das W weist auf die **W**are hin: Der Verkäufer sollte von der Qualität der Produkte überzeugt sein.

Rechte des Käufers

Ist ein Käufer mit dem erworbenen Produkt nicht zufrieden, erlangt er durch den Kaufvertrag gewisse Rechte, die er geltend machen kann. Achtung, jetzt kommt gleich der Hammer! Das liegt bei der Merkhilfe auf jeden Fall sehr nahe:

WUMS

Wandlung
Umtausch
Minderung
Schadensersatz

Rechnungswesen

Was sind denn nun Verbindlichkeiten und was Forderungen? Und wer kann was bei wem geltend machen? Wenn man auf die kleine orthografische Besonderheit achtet, ist der Zusammenhang quasi selbsterklärend:

Forderungen an Kunden, Verbindlichkeiten an Lieferer

Kunst & Kultur
— oder „Wer ist im Urpokal?"

Die Kunst und Kultur der Antike wirkt bis heute fort. Schließlich liegen hier die Wurzeln unserer Gesellschaft. Wer also die Ursprünge aus der Antike kennt, ist in diesem Kapitel interessanten Zusammenhängen auf der Spur. Außerdem schadet es insgesamt nicht, seine Allgemeinbildung etwas auf Vordermann zu bringen.

Die neun Musen

Musen nannte man in der griechischen Mythologie die Schutzgöttinnen der Künste. Die Überlieferung der uns heute bekannten neun Musen stammt von Hesiod (6. Jahrhundert v. Chr.). Nach ihm sind sie die Töchter der Mnemosyne, der Göttin der Erinnerung, und des Zeus. Er legte die Anzahl und die Namen genau fest. Allerdings ordnete er den verschiedenen Musen noch keine Zuständigkeitsbereiche und Attribute zu. Dies geschah erst sehr viel später. Alle neun Musen sind in folgendem Kunstwort versammelt:

KlioMeTerThal EuEr UrPoKal

Klio – die Rühmende, ist die Muse der Geschichtsschreibung.
Melpomene – die Singende, ist die Muse der Tragödie.
Terpsichore – die fröhlich Tanzende, ist die Muse für Chorlyrik und Tanz.
Thalia – die Festliche, die Blühende, ist die Muse der Komödie.
Euterpe – die Erfreuende, ist die Muse der Lyrik und des Flötenspiels.
Erato – die Liebevolle, Sehnsucht Weckende, ist die Muse der Liebesdichtung.
Urania – die Himmlische, ist die Muse der Astronomie.

Polyhymnia – die Hymnenreiche, Liederreiche, ist die Muse des Gesangs
mit der Leier.

Kalliope – die mit der schönen Stimme, ist die Muse der epischen Dichtung,
der Rhetorik, der Philosophie und der Wissenschaft.

Die sieben Weltwunder der Antike

Die erste vollständige Liste der bekannten „Sieben Weltwunder" findet sich in
einem Epigramm des Schriftstellers Antipatros von Sidon (2. Jahrhundert v.
Chr.). Er schrieb einen Reiseführer über den Mittelmeerraum und Vorderasien
und nannte darin die imposantesten und prunkvollsten Bauwerke seiner Zeit
und seines Kulturkreises. Die Zahl sieben galt in der Antike als „vollkommen".
Dadurch wurden die Bauwerke in ihrer Bedeutung zusätzlich erhöht. Mit folgendem Kunstwort, das sich aus den jeweils ersten beiden Buchstaben der jeweiligen Bauwerke zusammensetzt, fällt keines der Weltwunder unter den
Tisch:

TELEKOST PYGAMA

TE	Artemis-Tempel in Ephesus (Griechenland)
LE	Leuchtturm von Pharos bei Alexandria (Ägypten)
KO	Koloss von Rhodos (Griechenland)
ST	Zeus-Statue des Phidias in Olympia (Griechenland)
PY	Pyramiden von Gizeh (Ägypten)
GA	Hängende Gärten der Semiramis in Babylon (Irak)
MA	Mausoleum von Halikarnassos (Türkei)

Heute existieren von diesen Weltwundern nur noch die Pyramiden von Gizeh.
Die anderen wurden durch Erdbeben und Kriege zerstört oder zerfielen im Lau-
fe der Zeit.

Die sieben Weisen

Bei den sieben Weisen handelt es sich um eine Gruppe herausragender Persönlichkeiten des öffentlichen Lebens in der griechischen Antike. Neben ihren politischen Verdiensten um ihre Heimatstädte trugen zum Ruhm der Weisen besonders die Maximen und Weisheitssprüche bei. Schon Platon lobte die knapp und kunstvoll formulierten Sprüche als herausragende Früchte der Weisheit der sieben Männer. Auch heute noch werden sie in Reden gerne zitiert, sei es in der Politik, Wirtschaft oder vor Gericht.

Die Namen der sieben Weisen sind in dieser Eselsbrücke zusammengefasst:

> **Per**sische **Pi**lger des **Tales**
> **sol**len **bi**s **Chi**na **kle**ttern.

Aus diesen Persönlichkeiten setzte sich der Rat der sieben Weisen zusammen:

Periandros – Herrscher von Korinth: „Habe das Ganze im Sinn!"

Pittakos – Herrscher von Lesbos: „Erkenne den rechten Zeitpunkt!"

Thales von Milet – Mathematiker und Philosoph: „Nicht dein Äußeres schmücke, sondern sei schön in deinem Tun!"

Solon von Athen – Dichter, Philosoph und Politiker: „Nichts im Übermaß!"

Bias – Herrscher von Priene: „Geh langsam ans Werk; aber was du begonnen, bei dem harre aus."

Chilon von Sparta – Politiker: „Erkenne dich selbst!"

Kleobulos – Herrscher von Rhodos: „Maßhalten ist das Beste!"

Musik
— oder „Geig du alter Esel!"

„Die Musik ist die Sprache der Leidenschaft" sagte der großartige deutsche Komponist Richard Wagner (1813–1883). Wohl dem, der diese wunderbare Sprache beherrscht. Bis zur Perfektion ist es allerdings ein weiter Weg: Entweder muss man ein Genie sein oder viel üben oder beides zusammen. Am Anfang einer Musikerkarriere stehen aber immer die ersten kleinen Schritte, die für ein gutes musikalisches Fundament notwendig sind. Dazu können unsere bewährten Helferlein ihren Teil sicherlich beitragen.

Musikinstrumente und ihre Saiten

Aller Anfang ist schwer, deswegen sind viele Schüler, die ein Instrument lernen wollen, froh, wenn sie sich als erstes wenigstens die Saitenbezeichnungen ihres Instruments merken können. Dazu gibt es unterschiedlichste Merksprüche.

Geig, du alter Esel!
Die vier Saiten der Geige heißen: g – d – a – e

Eine alte Dame ging Heringe einkaufen.
Die sechs Saiten der Gitarre heißen: e – a – d – g – h – e

Auch wenn die Saiten des Cellos eine Oktav tiefer gestimmt sind als die der Bratsche, benötigt man für beide Instrumente nur eine Eselsbrücke. Die Saitennamen bleiben gleich:

c – g – d – a

Caesar, gib die Antwort!

Caesar genießt den Abend.

Die Tonleiter

Und weiter geht es mit den Tönen … Diesmal widmen wir uns der C-Dur-Tonleiter:

c – d – e – f – g – a – h

Caesar, der Elch, frisst gegen Abend Heu.

Unterschied Dur und Moll

Genauso klingen Dur und Moll: Die Dur-Tonart klingt hart, fröhlich und strahlend, bei Moll wird es weich, sanft und ein bisschen melancholisch.

Das „Dur", das kommt
von „durus", hart –
das „Moll" von „mollis",
weich an Art.

Intervallreihe einer Oktave

Hier werden die verschiedenen großen Intervalle zwischen den Tönen einer Oktave aufgezählt:

Prim, Sekund sind eins und zwei,
Terz als Intervall die drei,
vier und fünf die Quart und Quint,
Sext und Sept, Oktav ganz hint`.

Kreuz – Tonarten

Diese Eselsbrücke verrät die Kreuztonarten sowie deren Anzahl der Kreuze:

Geh (1), du (2) alter (3) Esel (4), hole (5) Fische (6).

G-Dur: #
D-Dur: ##
A-Dur: ###
E-Dur: ####
H-Dur: #####
F-Dur: ######

B-Tonarten

Hier werden die B-Tonarten aufgezählt sowie deren Anzahl der „bs":

Fürchte (1) besonders (2) Eschen (3) -Äste (4) des (5) gesamten (6) Cäsarreiches (7).

F-Dur: b
B-Dur: bb
Es-Dur: bbb
As-Dur: bbbb
Des-Dur: bbbbb
Ges-Dur: bbbbbb
Ces-Dur: bbbbbbb

Pausenzeichen

Handelt es sich um eine halbe Pause, dann befindet sich das Pausenzeichen auf der Linie. Bei einer ganzen Pause hängt der Pausenstrich unter der Linie.

**Die ganze Wurst hängt,
die halbe Wurst liegt.**

Dynamik der Musik

Mit Dynamik wird in der Musik die Lehre von der Tonstärke bezeichnet. Insgesamt gibt es fünf Tonstärken, die sich in folgenden Abstufungen unterscheiden:

pianissimo (sehr leise), piano (leise), mezzoforte (mittellaut), forte (laut), fortissimo (sehr laut).

> Die Maus, die lebt piano
> und manchmal pianissimo.
> Der Spatz hingegen forte
> und manchmal auch fortissimo.
> Der Mensch – so mittendrin –
> lebt mezzoforte vor sich hin.

Tempobezeichnungen (Tempi)

Hier werden die Tempobezeichnungen der Musik aufgezählt: largo – sehr ruhig, lento – langsam, adagio – ruhig, andante – gehend, moderato – mäßig bewegt, vivace – lebhaft, allegro – schnell, presto – sehr schnell, prestissimo – äußerst schnell.

> Largo, lento, adagio
> und andante, moderato,
> bis vivace und allegro,
> presto und prestissimo.

Traditioneller Orchesteraufbau

Diese Eselsbrücke beschreibt eindrucksvoll, aus welchen Musikern sich das Orchester traditionell zusammensetzt und wo welche Instrumente platziert sind – aus der Perspektive des Publikums.

> Mit Bratschen links die ersten Geigen,
> die zweiten rechts, beim Celloreigen.
> Dann Harfen, Flöten, Klarinetten,
> sich an Fagott, Oboen ketten,
> nach rechts gefolgt von Hörnern, Bässen,
> Trompeten immer links gesessen,

daneben Tuben und Posaunen,
ganz hinten Schlagzeug zu bestaunen.
Ganz vorn auf hohem Postament,
der sehr geschätzte Dirigent.

Die sechs Hauptstimmlagen

Was wie zwei seltsame lateinische Ausdrücke anmutet, sind tatsächlich die jeweiligen Anfangsbuchstaben der Hauptstimmlagen von Sängerinnen und Sängern in Opern und Operetten:

SOMEA TEBABA

SO:	Sopran
ME:	Mezzosopran
A:	Alt
TE:	Tenor
BA:	Bariton
BA:	Bass

Die Stilrichtungen des Jazz

Als Jazz wird ein Musikgenre bezeichnet, das Anfang des zwanzigsten Jahrhunderts in den amerikanischen Südstaaten entstand. In New Orleans, das man auch als die Wiege des Jazz bezeichnet, nutzten farbige Musiker, deren Vorfahren einst als Sklaven in das Land gekommen waren, vor allem europäische Musikinstrumente, um die Musikkultur der afroamerikanischen Einwohner zu pflegen. Nachfolgende Eselsbrücke unterscheidet die sieben unterschiedlichen Hauptperioden, bzw. Stilrichtungen des Jazz.

Orlea, Dixie, Cago, Swingin`,
Bop und Cool-Mordern-Free.

Orlea:	New Orleans Jazz
Dixie:	Dixieland
Cago:	Chicago-Jazz
Swingin':	Swing-Ära
Bop:	Bebop
Cool:	Cool Jazz
Modern:	Modern Jazz
Free:	Free Jazz

Beethovens Klavierkonzerte

Der großartige Ludwig van Beethoven (1770–1827) gilt als der Komponist, der die Musik der Wiener Klassik zu ihrer höchsten Entwicklung geführt und der Romantik den Weg bereitet hat. Er komponierte fünf Klavierkonzerte. Wer sich alle merken will, sollte sich nachfolgenden Merkspruch einprägen. Die Anfangsbuchstaben geben zugleich die korrekte Reihenfolge der Klavierkonzerte wieder:

Cleopatra bereitet Caesar gutes Essen.

Nr. 1	**C**-Dur
Nr. 2	**B**-Dur
Nr. 3	**C**-Moll
Nr. 4	**G**-Dur
Nr. 5	**Es**-Dur

Schubert und Schumann

Auf den ersten Blick könnte man die Namen der beiden Musiker leicht verwechseln, fangen doch beide mit der Buchstabenfolge „Schu" an. Aber Franz Schubert (1797–1828) war ein österreichischer Komponist und Robert Schumann (1810–1856) ein deutscher. Schubert schrieb sechs vollendete Sinfonien und zahlreiche unvollendete, weswegen es keine Einigkeit über eine korrekte

Zählweise gibt. Tatsache ist aber, dass er „produktiver" war als Schumann, der nur vier Sinfonien komponierte.

> Zwei „Schuhe" sind ein gleiches Paar,
> doch Franzl produktiver war:
> Er schrieb an Sinfonien neun,
> und Robert konnt' mit vier erfreu'n.

Puccinis Opern

Giacomo Puccini (1858–1924) war ein italienischer Komponist des Fin de Siècle. Er komponierte zahlreiche Opern, von denen nachfolgende am bekanntesten waren.

> Die „**Tosca**" und die „**Turandot**"
> verlachten bürgerlichen Trott.
> Genauso dachte „**Butterfly**",
> „**Manon Lescaut**" war auch dabei:
> Sie alle schworen auf „**Bohème**"
> und lebten flott und angenehm.

In der richtigen zeitlichen Reihenfolge, müssten die Opern folgendermaßen angeordnet werden:

Manon Lescaut	1893
Bohème	1896
Tosca	1900
Madame Butterfly	1900, erweitert 1904
Turandot	1924, unvollendet

Nachdem Puccini 1924 seine Oper „Turandot" unvollendet hinterlassen hatte, komplettierte Franco Alfano (1876–1954) im Jahr 1926 das Finale.

Essen & Trinken
— oder „Bier auf Wein — das lass sein!"

Wie sagte Woody Allen so schön: „Der Mensch lebt nicht vom Brot allein. Nach einer Weile braucht er auch einen Drink." Was wir am besten zu welchem Essen trinken und in welcher Reihenfolge, verraten uns folgende Eselsbrücken. Zudem gibt es auch gewisse Tipps & Tricks für die Zubereitung einer leckeren Mahlzeit, denn wer will schon jeden Tag Brot …

Trinkverhalten

Welcher Wahrheitsgehalt hinter diesem Spruch steht, darüber streiten sich auch heute noch die Experten. Feststeht auf jeden Fall, dass man sich eine gewisse „Grundlage" – ähnlich einer ausgiebigen Mahlzeit – schafft, wenn man zuerst eine größere Menge Bier trinkt. Dadurch trifft der höherprozentige Wein nicht auf einen nüchternen Magen, und der Alkohol gerät langsamer in den Blutkreislauf. Aber letztlich kommt es doch auf die entsprechende Menge an, denn zu viel bleibt ganz einfach zu viel – egal wie herum!

> Bier auf Wein, das lass' sein!
> Wein auf Bier, das rat' ich dir!

Weißwein oder Rotwein?

Welcher Wein passt zu welchem Essen? Entgegen der persönlichen Vorlieben bestimmt normalerweise die Art des Fleisches, welcher Wein kredenzt werden muss: Weißwein serviert man zu Geflügel, Schwein, Kalb und Rotwein passt zu Rind, Hammel, Wild. Auf den Punkt gebracht heißt das:

Heller Wein zu hellem Fleisch,
dunkler Wein zu dunklem Fleisch.

Tisch decken

Das Essen mit Messer und Gabel ist eine vergleichsweise neue Sitte, die sich erst im bürgerlichen Europa des 19. Jahrhunderts durchgesetzt hat. Auch wenn die Tendenz in Richtung schnelle Küche und Fastfood geht, sollte man wissen, auf welcher Seite des Tellers Messer und Gabel liegen müssen:

Messer rechts, Gabel links

Der Trick mit der Zitrone

Mit Zitrone kann man so ziemlich alles würzen und es schmeckt einfach immer lecker: Ob Gemüse, Fleisch, Fisch oder auch Süßspeisen – Zitronensaft gibt dem Gericht eine eigene Note. Damit man aus der Zitrusfrucht genügend Saft erhält, gibt es einen altbewährten Trick:

**Die Zitrone, hart gerollt,
ist dem Koch besonders hold.**

Übrigens, auch wenn man meinen könnte, dass Sahne und Zitronensaft nicht zusammenpassen, hier steht es schwarz auf weiß:

**Von der Zitrone etwas Saft
gibt der Sahne Halt und Kraft.**

Der Kniff beim Eierkochen

Wer hat sich noch nicht über geplatzte Eier geärgert. Vor allem, wenn man Gäste eingeladen hat, kann man diesen unappetitlichen Zustand schon gar nicht gebrauchen. Auch hier gibt es einen klassischen Kniff, der das Aufplatzen der Eier verhindert. Gibt man zudem noch etwas Essig in das Kochwasser, gerinnt das Eiweiß sofort und das Ei läuft nicht aus:

> Eier platzen nicht beim Kochen,
> wenn vorher Löcher eingestochen.

Das Salz und die Feuchtigkeit

Wenn man Salz lagert, kann es passieren, dass sich Feuchtigkeit ansammelt. Damit das Salz locker und streufähig bleibt, gibt man einfach ein paar Reiskörner hinein. So wird die Feuchtigkeit gebunden und das Salz rieselt wieder – auch im Salzstreuer:

> Ein paar Körner im Fass:
> Salz bleibt locker, wird nicht nass.

Zubereitung von Steak

Um zu testen, wie weit ein Steak durchgebraten ist, hilft ein einfacher Trick, der sich mit dieser Eselsbrücke gut einprägen lässt:

> Prüf' Wange, Nase und Kinn!

Durch leichten Druck mit der Gabel stellt man fest, ob das Fleisch noch weich ist wie die Wange, dann ist es noch blutig. Wenn es etwas fester ist wie die Nasenspitze, dann ist es noch leicht rosa und folglich „medium". Fühlt es sich allerdings hart an wie das Kinn, dann ist es wirklich durchgebraten.

Garten
— oder „Soll der Samen schneller sprießen ..."

Wie und wann man welches Gemüse pflanzt oder zu welcher Zeit am besten geerntet wird, sind hilfreiche Informationen für Gartenliebhaber. Am besten greift man bei diesem Thema auch auf den großartigen Erfahrungsschatz der Bauern zurück, die über Hunderte von Jahren die Natur genau beobachtet und ihre Erkenntnisse teilweise in Merksprüche verfasst haben. So bleiben die Tipps zur Gartenarbeit prima im Gedächtnis.

Richtig kompostieren

„Gut gedüngt, ist halb gewachsen" heißt ein altes Sprichwort, und damit sich die Pflanzen prächtig entwickeln, nutzt man am besten pflanzliche Abfälle und macht daraus seinen eigenen natürlichen Dünger. Wer noch keinen Komposthaufen hat, sollte sich einen anlegen. Aber Vorsicht: Nicht jeder Platz ist dafür geeignet, denn „Scheint die Sonne auf den Mist, antwortet er mit Gestank!"

> Halt ihn feucht und tret' ihn feste,
> in engem Raum,
> im Schatten vom Baum,
> das ist für den Mist das Beste.

Der richtige Zeitpunkt

Jetzt ist die Erde optimal vorbereitet, aber wann kann es nun losgehen? Erfahrene Gärtner raten, erst nach den „Eisheiligen" empfindliche Sämereien und Sommerblumen zu pflanzen. Bei den „Eisheiligen" handelt es sich um eine mögliche Kälteperiode mit Nachtfrostgefahr, die Mitte Mai noch auftreten kann. Je nach

Region werden die „Eisheiligen" Mamertus (11.5.), Pankratius (12.5.), Servatius (13.5.), Bonifatius (14.5.) und Sophie (15.5.) genannt. Allerdings lassen sich diese Wetterphänomene heute aus meteorologischer Sicht nicht mehr bestätigen. Wer also lieber vorsichtig sein will, wartet die „kalte Sophie" ab, die Mutigeren achten auf die ersten Schmetterlinge:

> Siehst du die Schmetterlinge tanzen,
> kannst du draußen pflanzen.

Bei widerstandsfähigen Pflanzensorten, kann man durchaus schon früher mit dem Aussäen oder Setzen beginnen:

> St. Ambrosius (4. April)
> man Zwiebeln säen muss.

> Hat St. Peter (27. April) das Wetter schön,
> kannst du Kohl und Erbsen säen.

> Wenn sich naht St. Stanislaus (7. Mai),
> rollen die Kartoffeln raus.

Optimales Wachstum

Wenn der richtige Zeitpunkt gekommen ist, sollte man vor dem Aussähen folgenden Tipp unbedingt beachten:

> Soll der Samen schneller sprießen,
> musst du vor dem Säen gießen.

Gegen Schädlinge

Um Schädlinge zu bekämpfen, gibt es unterschiedliche, natürliche Methoden. Wenn man die optische Bepflanzung mit jeweils einer Gemüseart pro Beetabschnitt vernachlässigt, erzielt man durch die ideale Kombination verschiedener Arten sehr gute Ergebnisse. Der Kohlweißling wird zum Beispiel durch den starken Geruch der Tomatenpflanzen so irritiert, dass er den Kohl, auf dem er die Eier für seine gefräßigen Raupen ablegt, gar nicht mehr wahrnimmt:

> **Tomaten beim Kohl –**
> **Raupen lebt wohl!**

Eine weitere gute Kombination ist das Pflanzen von Zwiebeln oder Knoblauch zwischen den Erdbeerreihen. Dies ist förderlich für die Gesundheit der Erdbeeren und vermindert den Pilzbefall.

Auch mit den Läusen hat man als Hobbygärtner so seine Plage. Glücklicherweise ist den Tierchen ganz ohne Chemie beizukommen, indem zum Beispiel Asche auf der Erde verteilt wird:

> **Asche macht der dicksten Laus**
> **auf die Dauer den Garaus.**

Ein wirksames Mittel gegen Läuse ist auch das Ansetzen einer Jauche aus Brennnesseln. Einfach das Kraut in Wasser über Nacht einweichen und die befallenen Pflanzen damit gießen. Man muss allerdings etwas geruchsresistent sein, denn den Läusen stinkt's nicht umsonst …

Knollensellerie

Wenn man schöne große Sellerie-Knollen will, sollte man seine Finger von dem Kraut lassen. Die Knollen des Selleries benötigen die Blätter für die Nährstoffversorgung:

> **Bitte, Gärtner, rupfe nie**
> **ein Blatt ab vom Sellerie.**

Gesundheit

— oder „An apple a day keeps the doctor away!"

„Vorbeugen ist besser als heilen" – heißt ein bekanntes Sprichwort, das man im Bereich Gesundheit ruhig wörtlich nehmen darf, denn „die beste Krankheit taugt nichts!"

Die Apfel-Methode

Der Apfel hat's in sich, das haben neuere Forschungsergebnisse bewiesen. Denn Äpfel enthalten sogenannte Flavonoide. Das sind Wirkstoffe, die antioxidative Wirkung haben. Das bedeutet nichts anderes, als dass sie gegen schädliche freie Radikale vorgehen.

Freie Radikale wiederum sind Stoffe, die in geringen Mengen zwar lebensnotwendig sind, in größeren Mengen aber Krankheiten wie zum Beispiel Krebs auslösen können. Flavonoide sind übrigens auch in Rotwein, Zwiebeln und schwarzem Tee enthalten und gehören zu den sogenannten sekundären Pflanzenstoffen.

Es macht also durchaus Sinn, nachfolgenden Rat zu befolgen und täglich einen Apfel zu essen, es sei denn man geht gerne zum Arzt. Aber wer will das schon?

An apple a day keeps the doctor away!

Das Zipperlein — die Gicht

Gicht ist eine schmerzhafte Erkrankung der Gelenke, die durch ein Zuviel an Harnsäure im Blut hervorgerufen wird. Die scharfkantigen Harnsäurekristalle greifen die Gelenke an, sodass sie sich entzünden. Alkohol verhindert die

Ausscheidung von Harnsäure über die Niere. Deswegen hat reichlicher Alkoholkonsum eine steigernde Wirkung auf den Harnsäurespiegel im Blut und ist so eine der möglichen Ursachen für Gicht. Wenn man „Rotwein" stellvertretend für alle alkoholischen Getränke nimmt, ist folgender Merkspruch durchaus hilfreich:

> Spürst du das Zipperlein – die Gicht,
> dann trink Rotwein lieber nicht!

Gegen Halsschmerzen

Mit Beginn der kühleren Jahreszeit häufen sich auch wieder die Erkältungen. Sollte der Hals schon kratzen, dann ist dagegen ein Kraut gewachsen: Der echte Salbei (lat. salvia officinalis). Die ätherischen Öle des Salbeis wirken beruhigend auf die entzündeten Stellen im Hals. Deswegen bereitet man aus den getrockneten Blättern einen Tee, und gurgelt damit, wenn er abgekühlt ist.

> Gurgel mit Salbei –
> Halsweh vorbei!

Kaiser – König – Bettelmann

Über die gesunde und optimale Ernährung findet man heutzutage so viele Bücher und Methoden, dass man leicht den Überblick verliert. Letztlich muss jeder für sich entscheiden, was für ihn am besten ist.

Eine Ernährungsempfehlung hat sich seit Hunderten von Jahren schon bewährt und stammt aus einer Zeit, in der die Menschen körperlich hart arbeiten mussten. Das hat zwar mit unserem Büroalltag nichts mehr zu tun, dennoch empfehlen Ernährungsexperten auch heute noch genau diese Regel:

> Morgens frühstücken wie ein Kaiser,
> mittags essen wie ein König,
> zu Abend essen wie ein Bettelmann.

Im Grunde geht es darum, den Körper optimal mit dem zu versorgen, was er benötigt. Deswegen sollte man morgens, wenn der Körper über Nacht seine Reserven verbraucht hat, ein üppiges Frühstück zu sich nehmen, damit man mit ausreichend Energie in den Tag starten kann. Mittags sollte man sich nicht zu sehr den Magen vollschlagen. Sonst wird man zu müde, weil der Magen mit Verdauen beschäftigt ist. Abends sollte man dagegen nur noch wenig essen, denn der Körper geht nun bald in die Ruhephase und verbraucht nicht mehr so viel Energie. Außerdem schläft es sich nicht besonders gut mit vollem Magen.

Haushalt

— oder „Was macht man mit Minze- und Lavendelstrauß?"

Die bewährten Haushaltstipps und Hausrezepte unserer Groß- und Urgroßeltern haben auch heute ihre Gültigkeit nicht verloren. Das Beste daran ist, dass man auf chemische Produkte völlig verzichten kann, denn man bedient sich aus der reichhaltigen Vielfalt von Mutter Natur. Ob es darum geht, Flecken zu entfernen, Fenster zu putzen oder Mücken zu vertreiben, mit nachfolgenden Merksprüchen zum Thema Haushalt liegt man immer richtig.

Gegen Plagegeister

Wer kennt diesen schrecklich grellen Summton nicht, wenn man von einer hungrigen Mücke umschwärmt wird. Ein so winziges Tier ist völlig ausreichend, um einen zur Verzweiflung zu bringen. Aufgehängte Minze- und Lavendelsträuße oder vor das Fenster gepflanzter Lavendel halten die Plagegeister fern, denn diese können den Geruch nicht ausstehen.

> Minze- und Lavendelstrauß
> macht Mücken und Fliegen den Garaus.

Fensterputz

Es gibt Arbeiten, die macht keiner besonders gerne, und dazu gehört neben dem Bügeln auch das Fenster putzen. Wenn man sich dann endlich überwindet, die verschmutzten Scheiben in Angriff zu nehmen, sollte man folgenden Rat ernst nehmen. Denn wenn der nötige Durchblick ausbleibt, ist es mit der Motivation ganz vorbei:

> Fensterputz bei Sonnenschein
> bringt dir nur Enttäuschung ein.

Teppichreinigung

Will man seinen Teppich gründlich säubern, empfiehlt es sich, auf den ersten Schnee zu warten. Der dient nämlich als optimale Unterlage für das Teppichklopfen: Der Schnee schließt den Staub ein und verhindert, dass dieser herumfliegt und sich anderswo niederlegt. Die kleine Menge Feuchtigkeit, die der noch warme Teppich geschmolzen hat, quillt den Flor auf und belebt die Farben.

> Liegt Schnee im Garten weit und breit,
> ist die beste Teppichklopferzeit.

Gegen Kalkflecken

Je kalkhaltiger das Wasser ist, umso schwerer fällt einem die Reinigung von Stellen, die ständig mit Wasser in Berührung kommen. Ganz normaler Haushaltsessig bewirkt hier wahre Wunder – nicht nur beim Duschvorhang!

> Essigwasser nimmt den Fleck
> von dem Duschvorhang ganz weg.

Reinigung von Spielkarten

Und da wir gerade beim Reinigen sind: Hier ein altes Hausrezept, das abgegriffene verschmutzte Spielkarten wieder aufpoliert. Wer sich also die Mühe machen will, bitte schön:

> Kölnisch Wasser lässt den
> alten Joker wieder jung werden.

Parkettböden

Vor allem Tinte hat die Eigenschaft, auch in die kleinsten Ritzen hineinzulaufen. Geschieht das Malheur auch noch über einem Parkettboden, muss man sich eines besonderen Kniffes bedienen. Eine Zitrone spielt hierbei eine ganz besondere Rolle:

> Auf dem Parkett den Tintenfleck
> bringt Zitrone wieder weg.

Ameisen im Haus?

Ameisen sind besonders nützliche Tiere, wenn sie dort leben, wo sie hingehören, also im Wald oder im Garten. Sollten sie jedoch einmal die Orientierung verlieren und meinen, ein Haus wäre ein gutes Lebensumfeld, muss man den Tierchen auf behutsame Weise klarmachen, dass sie sich verirrt haben. Und so geht's:

> Ameisen im Haus?
> Verstreute Gewürznelken
> treiben sie wieder hinaus.

Straßenverkehr

– oder „Erst links, dann rechts ..."

„Obacht geben – länger leben!" Diese einfache Spruchweisheit bewahrheitet sich vor allem im Straßenverkehr. Egal ob man als Fußgänger, Fahrrad- oder Autofahrer unterwegs ist, Vorsicht ist das Gebot der Stunde.

Überqueren einer Straße

Als Kind wurde uns diese einfache Merkhilfe immer wieder mitgeteilt, wenn es an das Überqueren einer Straße ging. Auch der nette Polizist, der die Kinder auf die Gefahren ihres Schulweges aufmerksam macht, hat diesen Spruch parat. Denn in Reimen merkt es sich eben umso besser, und das ist in diesem speziellen Fall überlebenswichtig:

> Erst links, dann rechts,
> dann geradeaus,
> so kommst du sicher gut nach Haus.

An der Ampel

Auch wenn die Ampel das Überqueren der Straße etwas leichter macht, ist eine Veranschaulichung für die Kleinen immer hilfreich:

> Bei ROT bleibst du stehen!
> Bei GRÜN darfst Du gehen!

Der Verkehrspolizist

Dass ein Polizist den Verkehr regelt, kommt heute nicht mehr allzu oft vor. Wenn das aber der Fall sein sollte, muss man die Zeichen, die man irgendwann einmal gelernt hat, richtig deuten. Da hilft folgende Eselsbrücke:

> Siehst du Bauch oder Rücken,
> musst du auf die Bremse drücken.
> Siehst du die Seite ganz und gar,
> dann – mit Vorsicht – aber fahr!

Übrigens, Handzeichen heben Lichtzeichen auf, Lichtzeichen die Vorfahrtsregeln! Im Klartext heißt das nichts anderes, als dass der Verkehrspolizist immer Vorrang hat, auch wenn eine Ampelanlage eingeschaltet ist. Und eine Ampel hebt die normal geltenden Vorfahrtsregeln der Verkehrsschilder auf.

Verkehrsschilder

Wer hat Vorfahrt und wer muss warten? Das teilen uns normalerweise die Verkehrsschilder mit. Gibt es keine, gilt die einfache Regel „rechts vor links":

> Das Dreieck an der Kreuzung spricht:
> Statt Vorfahrt hast du Wartepflicht.
>
> Siehst du ein quadratisches Spiegelei:
> Schau ob deine Vorfahrt frei!
>
> Rund und rot heißt Verbot!

Auto starten

Fahrschüler lernen als erstes, in welcher Reihenfolge sie vorgehen müssen, um mit dem Auto losfahren zu können. Hier hilft der gute Kurt weiter:

> **Kurt Stanowski geht heim.**

Kurt	**Ku**pplung
Stanowski	**Sta**rten
geht	**Ga**ng einlegen
heim	**H**andbremse

Richtiges Abbiegen

Auch das Abbiegen will gelernt sein. Hier gilt es, ein paar Dinge zu beachten:

Ordne dich beizeiten ein!
Gleich wird es dir von Nutzen sein!

Willst du um die Ecke heil,
fahr präzise nach dem Pfeil!

Gefälle

Geht es steil bergab, sollte der Autofahrer immer in den niedrigeren Gang schalten, um so die Motorbremse zu nutzen. Dann werden die Bremsen nicht zu heiß und entsprechend geschont.

Im Tal hinunter, schalt nicht hinauf –
fahr so, als ginge es bergauf!

Achtung Kinder

Der Alptraum jedes Autofahrers wird wahr, wenn plötzlich aus dem Nichts ein Kind vor das Fahrzeug läuft. Deswegen sollte man immer aufmerksam und vorsichtig fahren, um mögliche gefährliche Situationen bereits im Voraus zu erkennen:

Erst kommt der Ball –
dann kommt das Kind,
tritt auf die Bremse bloß geschwind!

Verschiedenes
— oder „Wohin stellt man die Gartenmöbel im Frühjahr?"

Wie war das nochmal? Muss man die Uhr vor- oder zurückstellen, wenn die Sommerzeit beginnt? Hat der Monat dreißig oder einunddreißig Tage? Auch in unserem Alltag gibt es immer wieder bestimmte Situationen, in denen man sich zeitweise unsicher ist. Kennt man die richtigen Brücken, macht man sich das Leben leichter.

Zeitumstellung

Zweimal im Jahr ist es soweit: Die Uhren werden in Europa auf Sommer- oder Winterzeit umgestellt. Aber in welche Richtung? Millionen von Menschen rätseln immer wieder, ob einem nun eine Stunde Schlaf geraubt wird oder ob man besagte Stunde länger schlafen darf. Damit endlich absolute Klarheit herrscht, hier ist die passende Eselsbrücke:

> Im **Frühjahr** stellt man die Gartenmöbel **vor** das Haus.
> Im **Herbst** stellt man sie wieder **zurück** in den Schuppen.

Wenn also Ende März die Sommerzeit beginnt, stellen wir die Uhr um eine Stunde **vor** und läuten dadurch die gemütliche Freiluftsaison mit den passenden Gartenmöbeln ein. Beginnt Ende Oktober die Winterzeit, wird die Uhr um eine Stunde zurückgestellt.

Wie viel Tage hat der Monat?

Unsere zwölf Monate haben es in sich: Manche haben 30, manche 31 und einer je nachdem 28 oder 29 Tage. Aber auch in diesem Fall kann man sich gut behelfen, um die Orientierung nicht zu verlieren.

> 30 Tage hat November,
> April, Juni und September.

Hier ist der problematische Monat Februar leider ausgespart. Aber es gibt eine weitere, sehr beliebte und bewährte Methode:

> Man macht mit beiden Händen eine Faust und legt sie nebeneinander – mit dem Handrücken nach oben – auf den Tisch: Nun ordnet man jedem Knöchel einen Monat zu und zählt von links nach rechts. Jeder hochstehende Knöchel verweist auf einen Monat mit 31 Tagen, in den jeweiligen Zwischenräumen haben die Monate nur 30 Tage – mit Ausnahme des Februars mit 28 oder 29 Tagen. Zum Glück haben wir nur alle vier Jahre ein Schaltjahr und das nächste ist erst im Jahr 2016. Bis dahin liegen wir mit 28 Tagen auf jeden Fall richtig.

Vom richtigen Dreh

In welche Richtung muss man drehen, um Ventile, Schrauben, Muttern oder Flaschen zu öffnen? Im Grunde macht man es meistens richtig, aber wenn es mal klemmt, ist eine kleine Unsicherheit nicht zu leugnen. Nur um ganz sicher zu sein: Verschlüsse jeglicher Art lassen sich verschließen, indem man im Uhrzeigersinn, also rechtsherum dreht:

> Wie die Uhr geht's zu!

oder

> reindrehen rechts – losdrehen links!

Autofit für den Urlaub

Bevor es sicher und unbeschwert mit dem Auto in den Urlaub gehen kann, sollte man bestimmte Bereiche vorher überprüfen.

WOLKE

Wasser – Öl – Luft – Kraftstoff – Elektrik

Autopanne

Sollte der Strom ausgehen und das Auto nicht mehr anspringen, muss nicht nur ein netter Helfer gefunden werden. Es kommt vor allem darauf an, die Überbrückungskabel richtig anzuschließen. Die Reihenfolge ist dabei wichtig: Zuerst muss das rote Kabel an den Pluspol der leeren Batterie und dann am Pluspol der Spenderbatterie befestigt werden.

**Das Rote Kreuz (rotes Kabel, Pluspol) kommt zuerst
zu den Verletzten (leere Batterie).**

Fotografie

Die meisten Menschen fotografieren mit ihrer Kamera im Automatik-Betrieb. Sollte es aber doch einmal erforderlich sein, die Einstellungen manuell vorzunehmen, ist es gut zu wissen, wie die Blende eingestellt werden muss:

**Wenn die Sonne lacht,
dann Blende acht.**

Dies ist eine Faustregel für das Fotografieren: Bei sehr guten Lichtverhältnissen und Sonnenschein empfiehlt es sich, die Blende möglichst hoch einzustellen. Je weniger Licht, umso kleiner die Blende.

Schach

Sollte man unerwarteterweise zu einer Partie Schach herausgefordert werden und will man sich nicht blamieren, klappt es auf jeden Fall mit folgender Merkhilfe zumindest mit der Aufstellung der wichtigsten Figur im Spiel:

Weiße Dame weißes Feld –
schwarze Dame schwarzes Feld

Regenschirm oder nicht?

Zumindest im Sommer kann man mit etwas Beobachtungsgabe feststellen, ob ein Regenschirm eingepackt werden sollte oder nicht. Die Flughöhe der Schwalben dient hier als unfehlbares Barometer. Diesen Hinweis haben wir folgendem Umstand zu verdanken: Herrscht sonniges Hochdruckwetter, werden die leichten Insekten von aufsteigenden Luftmassen erfasst und fliegen entsprechend höher als bei schlechtem Wetter ohne Aufwinde. Mit den Insekten steigen auch die Schwalben auf, die ihre Beute im Flug fangen. Erhöht sich die Luftfeuchtigkeit durch aufziehende Regenwolken, fliegen Insekten und damit auch Insektenjäger wie Schwalben in tiefer gelegene Luftschichten.

Dieser komplexe Vorgang wird durch folgenden Merkspruch ganz einfach zusammengefasst und man weiß sofort bescheid:

Wenn die Schwalben tiefer fliegen,
werden wir bald Regen kriegen

Erste Hilfe nach Verstauchungen

Wer unglücklich auftritt oder plötzlich umknickt, hat PECH gehabt. Vor allem beim Sport passieren solche Verletzungen häufig. Aber es gibt zum Glück die **PECH-Regel**. Wenn man diese beachtet und in den ersten 20 Minuten nach der Verletzung anwendet, hat dies schnell eine Linderung des Schmerzes zur Folge

P E C H

P steht für **P**ause, denn das Gelenk braucht erst einmal Ruhe.

E bedeutet **E**is oder kaltes Tuch auflegen und kühlen, denn das lindert den Schmerz und trägt dazu bei, dass der Knöchel nicht übermäßig anschwillt.

C wie **C**ompressionsverband anlegen, d. h eine kalte Kompresse mit gut dosiertem Druck anwickeln. Den Blutfluss darf man allerdings nicht behindern, aber der Druck muss ausreichen, den Einstrom von Flüssigkeit ins Gewebe zu drosseln. Auch diese Maßnahme trägt dazu bei, dass der Knöchel nicht allzu dick anschwillt.

H wie **H**ochlegen und in besonders schlimmen Fällen sollte man auf jeden Fall **H**ilfe – also einen Arzt – holen.

Durch diese Vorgehensweise ist der verstauchte Fuß fürs Erste gut behandelt, um die Schwellung möglichst gering zu halten.

IV.

Eselsbrücken selbst erfinden

Das Erfinden von Eselsbrücken erfordert eine Menge an Kreativität. Doch die Anstrengung lohnt sich, denn je fantasievoller und ungewöhnlicher Eselsbrücken gebaut sind, umso unvergesslicher bringen sie die Gedanken ans andere Ufer, also in den sicheren Hafen des Langzeitgedächtnisses. Auf diesen Zusammenhang weist auch der bekannte Psychologe Manfred Spitzer hin: „Die besten Eselsbrücken sind diejenigen, die man sich selber macht: In diesem Fall hat man durch das Bauen der Brücken im Geist den Inhalt x-mal hin- und hergewendet, über ihn nachgedacht und ihn genau dadurch im Gedächtnis verankert." (Manfred Spitzer, Lernen: Gehirnforschung und die Schule des Lebens, Heidelberg Berlin 2002, S. 9)

Fakten, die man nur auswendig lernt, ohne einen inneren emotionalen Bezug herzustellen, geraten wieder ganz schnell in Vergessenheit. Deswegen sind Assoziationen der Schlüssel für sinnvolles Lernen. Warum das so ist, liegt am Aufbau unseres Gehirns: Es teilt sich in zwei Hälften, wobei die linke Gehirnhälfte für den Verstand und die Logik zuständig ist. Dagegen befinden sich in der rechten Hälfte Kreativität, Gefühle, Assoziationen, räumliche Orientierung und Bilder. Erst wenn beide Gehirnhälften miteinander kombiniert werden, erreicht man die volle Leistungsbereitschaft des Gehirns.

Bevor wir uns an unsere eigenen Eselsbrücken wagen, müssen noch ein paar zusätzliche Faktoren berücksichtigt werden, die unabdingbar sind für ein gutes Erinnerungsvermögen. Werden diese Punkte im Vorfeld nicht beachtet, mühen wir uns vergeblich ab.

Nur wer genügend **Energie** zur Verfügung hat, kann sein mentales Potenzial optimal ausnutzen. Eine gesunde Ernährung ist deshalb genauso wichtig wie ausreichend Bewegung an der frischen Luft und natürlich genügend Schlaf. Zudem ist ein **subjektives Interesse** an den Lerninhalten eine wesentliche

Voraussetzung für die nötige **Motivation** und **Konzentration**, die für eine aufmerksame Wahrnehmung von Informationen sorgen. Zu guter Letzt hängt es vor allem vom **Verständnis** der zu lernenden Inhalte ab, ob man mit seiner Lernstrategie erfolgreich ist. Wenn man Inhalte nicht versteht, kann man auch nicht die richtigen Brücken bauen. Aber allein die Beschäftigung mit der Materie sorgt dafür, dass wir die Inhalte bereits intensiver verarbeiten. Ein gewisses Grundinteresse an den Lerninhalten ist natürlich von Vorteil. Wenn man diese Ratschläge befolgt, hat man gute Chancen, dass die Informationen wohlbehalten im Gedächtnis ankommen. Die Eselsbrücken sorgen für die richtige und organisierte Abspeicherung an einem Ort, auf den wir im Bedarfsfall auch wieder zugreifen können.

Jetzt können wir also loslegen – oder fast. Denn entsprechend des jeweiligen Lerntyps gibt es unterschiedliche Möglichkeiten und Techniken, die bei Eselsbrücken zum Einsatz kommen. Je nach „Bauart" werden unterschiedliche Bereiche im Gedächtnis angesprochen. Am effektivsten sind wohl die lustigen und manchmal ungewöhnlichen Reime, die das akustische Gedächtnis nutzen. Klassiker wie „Wer nämlich mit h schreibt, ist dämlich" oder „Differenzen und Summen kürzen nur die Dummen" waren und sind großartige Merkhilfen, wenn es um die Unregelmäßigkeiten in der deutschen Rechtschreibung oder mathematische Besonderheiten geht. Sind Sie also eher der akustische Typ, dann verfassen Sie einfach einen lustigen oder skurrilen Reim. Alles ist erlaubt, denn letztlich kommt es darauf an, dass die Brücke ihren Erbauer trägt.

Um sich bestimmte Inhalte vollständig und/oder in der richtigen Reihenfolge zu merken, bietet sich die Methode an, die Anfangsbuchstaben der zu lernenden Begriffe aneinanderzureihen, so dass im besten Fall ein neues Wort oder ein Kunstwort entsteht. Dies ist zum Beispiel bei dem Wort **SKAT** der Fall. Es handelt sich nämlich nicht um das gleichnamige Kartenspiel, sondern zählt die antiken griechischen Staaten **S**parta, **K**orinth, **A**then und **T**heben auf. Gleiche Methode funktioniert auch als Merksatz: „**E**ine **a**lte **D**ame **g**ing **H**eringe **e**inkaufen" zählt die sechs Gitarrensaiten E – A – D – G – H – E auf.

Die Visualisierung eines Begriffes ist ebenso eine bewährte Lernmethode, die vor allem das Vokabellernen etwas auflockert, vorausgesetzt man hat gute Ideen. Bei dem lateinischen Wort mensa für „Tisch" kann man sich eine Mensa an der Uni oder in einer Firma vorstellen, in der viele Tische stehen. Hat man das Bild vor Augen, erinnert man sich besser an die Vokabel. Die Methode kann perfektioniert werden, wenn man sogenannte Wortbilder benutzt, die eine lautliche Entsprechung der Vokabel enthalten. Man denkt sich zum Beispiel einen Flaschenzug, an dem ein Pulli hängt. Und schon weiß man, dass Flaschenzug auf Englisch *pulley* heißt (Beispiel aus Geisselhart/Lange: Schieb das Schaf, München 2012, S. 9/10). Die Orthografie muss man sich aber noch entsprechend aneignen. Eine Visualisierung hilft auch weiter, wenn man die geografischen Umrisse eines Landes einprägen will. So hat Italien die Form eines Stiefels oder Frankreich die eines Sechsecks. Mit Bild merkt es sich einfach besser!

Das Buch bietet zahlreiche Anregungen für Eselsbrücken jeder Art, und Ihrer Fantasie sind keine Grenzen gesetzt, die Assoziationen zu finden, die für Sie persönlich am besten geeignet sind. Und wie gesagt, der Spaß darf nicht zu kurz kommen. Darum sollten wir beim Lernen an erster Stelle den Rat des Theologen und Pädagogen Johann Comenius (1592–1670) beherzigen: „Alles, was beim Lernen Freude macht, unterstützt auch das Gedächtnis!"

Regionalia Verlag — weitere Titel aus dem Programm

Holger Vornholt
Haste Töne!
So sprach man anno dazumal

ISBN 978-3-939722-75-5

Gerhard Wagner
Schwein gehabt!
Redewendungen des Mittelalters

ISBN 978-3-939722-31-1

Wahre Bauernregeln

ISBN 978-3-939722-53-3

MANFRED MLETZKO
EXPRESSIS VERBIS
DER LATEINISCHE ZITATENSCHATZ

ISBN 978-3-939722-61-8

jeweils Hardcover, Format 16,5 x 19,8 cm, 128 Seiten, € 4,95